U0596578

惠城

发现城市之美

CITY DISCOVERY

肖岳山 主编

海天出版社（中国·深圳）

广东省示意图
惠州市示意图
◎小
◎江北
江
◎江南
西湖鳄湖
观洞水库
惠州站
西
◎龙丰
潼湖
琥珀
红花湖景
水平砖厂
岗头
陈江
金星
仲恺开发区
潼湖军垦农场
农三区
甲子
长岗
新屋仔

香园
枚坝
石门
岚派村文林第
芦洲
基坑
青塘古井
新田
新屋下
大洞水库
元墩
芦岚林果场
光明岭林场
虾坑
大埔
川龙凹
墩子林场
沙岗林场
大岚
畲坑水库
招元水电站
招元水库
杨梅坪
狮子水库
石牙山
矮陂
观音山
马岭林场
七姑坛
荔枝田
角洞水库
长湖
横沥
茶元坑
汝湖
沙洲尾
糖寮遗址
东
水口
姑婆庙
红镇
沙梨园
文笔塔
桥东
嘉祐寺
鹿岗
太湖溪开发区
桥西
江
沙新村
河南岸
枝
马安
湖山
西
三栋

惠城区示意图

缘起，发现惠城

惠州别称鹅城。寓居惠州的苏轼，在《上梁文》中赞叹：“鹅城万室，错居二水之间。”南宋王象之在《舆地纪胜》中也说：“仙人乘木鹅至此，古称鹅岭。”仙人与木鹅的故事，缘于一个非常美丽的传说。

谢灵运（385—433 年），南北朝著名的山水诗人。传说其流徙广州期间，有一天夜里，梦中游历罗浮山，醒来之后按照梦境的启示，乘着一只两头竖起形似木鹅的小船，溯龙江而上，来到古惠州。那时的惠州城区江、湖连成一片，水天茫茫，谢灵运无处栖身，只好在小船里过夜。天亮以后，谢灵运爬上一座小山游玩，并在那里升了天，那只木鹅船化成一块陆地，那座小山就是今天的飞鹅岭。

一百五十年后，隋文帝在这块木鹅船变成的陆地上设立循州总管府，惠州从

此成了州（府）治，距今已近一千五百年。

五代十国，割据岭南的南汉政权，析循州之海丰、河源、博罗、归善置祯州，设治所于归善，而循州则移治长乐雷公墩（今梅州五华）。宋真宗天禧四年（1020年），为避太子赵祯讳，改“祯”为“惠”，惠州一名沿用至今。

苏轼寓惠，让这座古城和惠州西湖留芳青史，自此，“天下不敢小惠州”。作为东江流域政治、经济和文化中心，广府文化、客家文化、潮汕文化在此交融，形成了海纳百川、有容乃大的文化胸襟和独具特色的文化魅力。惠城文化底蕴深厚，历史遗存众多，每年慕名而来的游客不计其数。然而经过过去战火洗礼，以及经济快速发展过程中大规模的城市化，惠城的历史文化遗存正在承受不断冲击。惠城区政府对乡土文化的保护，也较以往下了更大功夫。

为了深入挖掘惠城的传统文化，展现城市魅力，更好地传承和保护文化遗产，秉承对历史及传统的敬畏之心，本书实地走读惠城的古村古巷、名人故居、宗祠围屋、民俗风情，将这些原生态的文化一一呈现在质朴优美的文字之中，记录在真实细腻的镜头里面。期待《发现城市之美·惠城》能带给每一位惠州人，以及每一位热爱乡土文化的读者精神上的满足与慰藉。

CONTENTS 目录

第一章 品水读山 大美惠城

第二章 对话古建筑

古村风物

第三章 近代历史印记

第四章 遇见历史熟人

第五章 探秘非遗

第六章 行走的餐桌

古人称“**天下西湖三十六**”，足见西湖之多，其中唯惠州足并杭州。人们总是喜欢将**惠州西湖**与杭州西湖比较，因为两者实在有太多相似的地方，同样地处城中闹市，同样有**孤山**、有**苏堤**、有**塔**、有**故事**，杭州西湖因苏东坡而名扬天下，**惠州西湖因苏东坡而流芳青史**。

第一章

品水读山 大美惠城

惠州西湖丰渚园
元妙古观
西湖宾馆
芳华洲
环城西路
烟霞柳浪
平湖
准提寺
留丹亭
鳄鱼岛
宝塔路
相宜居
九曲桥
红棉水榭
东坡纪念馆
景贤祠
鸳鸯亭
惠州西湖国家风景名胜区
杯酒亭
西新桥
惠州西湖国家风景名胜区
苏堤玩月
丰湖
丰湖书院
明圣桥

西湖主要景点分布示意图

苎萝西子

惠城区西湖风景区

古人称“天下西湖三十六”，足见西湖之多，其中唯惠州足并杭州。人们总是喜欢将惠州西湖与杭州西湖比较，因为两者实在有太多相似的地方：同样地处城中闹市，同样有孤山、有苏堤、有塔、有故事，杭州西湖因苏东坡而名扬天下，惠州西湖因苏东坡而流芳青史。

惠州西湖与杭州西湖最大的不同在于其独特的南国风光，如果说到杭州西湖是看雪，那么到惠州西湖必是来赏翠。无论秋冬，目之所及都是一片生机盎然的翠绿，青山似黛，绿水如镜，草木葱郁。待到春花烂漫时，遍种湖畔的木棉红艳逼空，如火如荼，似流红逐水，若火云四合。木棉树又称英雄树，是南方特有树种。漫步湖畔，仿佛是受着一曲曲英雄赞歌的洗礼，心中的激情与诗情油然而生。

惠州西湖四时之景各有其妙，春风骀荡红棉笑，夏景流芳荷花俏，秋艳洲渚紫荆落，

平湖上的九曲桥，曲折迂回，连接孤山与点翠洲

冬林染翠腊梅香，都是惠州西湖最天然的底色。幽胜曲折，浮洲四起，古朴雅致的亭台楼阁掩映于葱茏树木之中，景域妙在天成。“顾美莫过于天然”，清代诗人吴骞在《西湖纪胜》一诗中曾写道：“西湖西子比相当，浓抹杭州惠淡妆。惠是苎萝村里质，杭教歌舞媚君王。”惠州西湖如苎萝村中的西子，素面淡雅，尽显独特神韵，故惠州西湖素有“苎萝西子”之称。

如此山川秀邃，一步一景的西湖，旧时并不像如今这般受人青睐。惠州西湖原是东江支流西枝江古河道，湖区周边多低山和丘陵，由横槎、天螺、水帘、榜山等山川水入江冲刷出来的洼地、西枝江改道后的河床组成，后逐渐转化成湖。据史料记载，东汉时期，惠州西湖是一片荒野之地，东晋在湖边建有龙兴寺。隋开皇十年（590 年），设循州总管府于梌山（今惠城中山北路一带），开启了惠州的建城正史，鹅城在西湖东岸崛起，人们开始真正有意识地建设西湖。至唐朝，龙兴寺改名为开元寺，湖畔逐步建筑了泗洲塔、天庆观（元妙古观）、永福寺等。北宋时，张昭远将湖命名为郎官湖，余靖所作的“重山复岭，隐映岩谷，长溪带蟠，湖光相照”是最早描述此湖的佳句之一。

北宋治平三年（1066 年），惠州太守陈偁对西湖进行了治理，修筑了平湖堤、拱北桥、孤屿亭、湖光亭等，筑堤截水，并养鱼灌田，“湖溉田数百顷，苇藕蒲鱼之利”，取湖之渔利尽归于民，乡民收获甚丰，称其为丰湖，正是取其“施于民者丰矣，故谓之丰湖”之意，充满了对大自然的感恩。陈偁还提出了“惠阳八景”：鹤峰晴照、雁塔斜晖、桃园日暖、荔浦风清、丰湖渔唱、半径樵归、山寺岚烟、水帘飞瀑。除鹤峰晴照在桥东归善县治、荔浦风清在水北江边，其余都在丰湖，使丰湖当时被誉为“广东之胜”。

彼时的惠州西湖是历代谪官的聚集地，从隋大业元年（605 年）迎来第一位谪官驸马柳述，至唐朝宰相张锡、杜元颖、牛僧孺，再到北宋大文豪苏东坡等，成就了惠州西湖历经隋、唐、北宋三朝近六百年的谪官文化历史。其中影响最大的当数苏东坡谪惠。

宋绍圣元年（1094 年），正在赶赴英州上任的苏轼再次接到了贬谪公文：宁远军节度副使，安置惠州。尽管苏轼天性乐观，也不免流露了些许的失望。惠州历代被视作“南蛮之地”和“放逐之所”，而此时苏轼已年近花甲，身体病弱，只怕“北归无望”。当他乘船沿北江顺流而下进入广东时，很快就释然了。九月的岭南，放眼尽是青山绿水，气候宜人。当他风尘仆仆、携卷负书赶到惠州时才发现这里的山水如此之美，人民如此热情。惠州之地有丰湖，其水幽深清澈，牙岸曲折回还，景色秀美迷人。苏轼素来喜爱

分隔西湖与府城的环城西路是明城墙旧址，绿荫如盖非偶然，惠州全市公路林木绿化率超过90%

游览山水，不仅常在白天游览，连夜里也常游赏至通宵达旦，并在游湖时留下不少诗作。秀丽的湖光山色令苏轼常忆起杭州西湖，又因湖位于城西，苏轼在《赠昙秀》“人间胜绝略已遍，匡庐南岭并西湖。西湖北望三千里，大堤冉冉横秋水”中，首次将丰湖称作西湖。此后，人们沿用此称至今。

苏轼被贬谪惠州，虽是个闲散小官，却仍心系民情。当时的惠州西湖“广袤十里”，颇具规模。平湖门到西山的湖面上，原有木长桥，但水面宽阔，木料又容易腐烂，因此“屡修屡坏”，常有人从桥上掉进湖里。苏轼由此倡议修桥筑堤，并做了详尽的工程建设方案，其中还包括东新桥。得到当时惠州太守詹范的首肯后，带头“助施犀带”，还动员弟妇史氏捐出“黄金钱数千助施”。工程由栖禅院僧希固主持。他还与民为伍，巡视施工进度，监督施工开支。

经过各方努力，宋绍圣三年（1096 年）六月，东新桥、西新桥与长堤落成。苏轼

位于西湖点翠洲的九曲桥

尤为高兴，作《两桥诗并引》咏之：“以四十舟为二十舫，铁锁石碇，随水涨落，榜曰东新桥”“为飞楼九间，尽用石盐木，坚若铁石，榜曰西新桥”。两桥的建成，为惠州百姓解决了交通大难题，他们自然欢欣鼓舞。东新桥上，“父老有不识，喜笑争攀跻”；在西新桥，狂欢上演：“父老喜云集，箪壶无空携。三日饮不散，杀尽西村鸡。”为纪念苏轼治理西湖的功绩，百姓将长堤称为苏堤。

如今，这条苏堤在惠州西湖入口处，像一条绿带，横穿湖心，把湖一分为二，右边是平湖，左边是丰湖，携带着苏轼灵气跻身惠州西湖风景名胜之一的“苏堤玩月”，成为惠州西湖的经典景点。西新桥还以“坚完宏伟，观者咨叹”的气势雄踞惠州西湖六桥第一桥。

就在苏轼渐渐适应了惠州的风土人文，在游山涉水中缓解了贬谪的郁闷之情，陪伴了苏轼整整二十三个年头的侍妾王朝云，却在绍圣三年（1096 年）七月五日这一天病逝，带给苏轼极大的打击和悲痛。王朝云自小陪伴在苏轼身边，琴棋书画无所不能，是苏轼的伴侣，也是他的知音。苏轼一再遭遇贬谪，最后被贬往惠州这样的“南蛮之地”，此时苏轼已年近花甲，眼看运势转下，难得再有起复之望。续娶的王夫人已逝，

东坡纪念馆的苏轼雕像

孤山上的东坡与朝云雕像

苏东坡所撰的朝云墓志铭

民国初年《广东名胜史迹》中的惠州苏堤

身边众多的侍儿姬妾都陆续散去，只有王朝云始终如一，追随苏东坡长途跋涉，翻山越岭到了惠州，给了苏轼不竭的支持力量。他们常常漫步湖堤，泛舟波上，一同回忆在杭州时的美好时光。江楼柳絮，夜灯仙塔，平湖月影，逐风落花，这一切记忆着他们昔日的身影。然而，到了惠州之后，王朝云遇瘟疫，身体十分虚弱，不久便带着不舍与无奈溘然长逝，年仅三十四岁。朝云逝后，苏轼遵其遗愿，将她葬在惠州西湖南畔的栖禅寺的松林里，亲笔为她写下墓志铭。栖禅寺僧人在墓上筑亭，名“六如亭”，苏轼题楹联：不合时宜，惟有朝云能识我；独弹古调，每逢暮雨倍思卿。

宋绍圣四年（1097 年），命途多舛的苏轼在惠州待了两年零七个月之后再贬海南岛儋州。苏轼在寓惠期间为百姓做的好事，留下的苏迹和大量脍炙人口的诗文，成为惠州宝贵的文化遗产；他与王朝云的爱情故事流传至今，对惠州的民风习俗影响深远。苏轼之后，一大批历史文化名人踏足惠州西湖，北宋诗人唐庚、南宋“四大家”之一的杨万里、明“吴门四家”之一的祝允明、清代岭南才子宋湘等一批名宦重臣、文人学者皆名重一时，使得惠州“风气人文又一番”。近代，孙中山、周恩来等人在惠州从事过革命运动，在西湖留下了光辉的足迹。这些历史古迹和革命胜迹与西湖的青山秀水融为一体，相得益彰。

从平湖门走进西湖，长长的苏堤两边树木青葱浓郁，阳光透过树叶影影绰绰投在路

民国《广东名胜史迹》中的泗洲塔和六如亭，西山下是一片农田

边的石刻上，上面刻录的正是苏轼的诗作："一更山吐月，玉塔卧微澜。正似西湖上，涌金门外看。冰轮横海阔，香雾入楼寒。停鞭且莫去，照我一杯残。""罗浮山下四时春，卢橘杨梅次第新。日啖荔枝三百颗，不辞长作岭南人。"……漫步苏堤，品读诗作，仿佛穿越了几个世纪，千百年来萦绕在西湖上的动人故事和美丽传说如春风拂面般涌来，那长眠于孤山之上的美丽女子，当年就是在这里陪着苏轼游览西湖，泛舟湖上。苏堤玩月、玉塔微澜、孤山苏迹、留丹点翠、芳华秋艳、西新避暑、花洲话雨、红棉春醉……走过五湖六桥十八景，却始终觉得"苎萝西子"的面纱并未完全揭开，每一次的品读都会带来新的惊喜。

| 泗洲塔 |

惠州西湖西山

“苎萝西子”是天赐的宝地，泗洲塔是其中的宝珠，苏轼对其情有独钟，留下了“一更山吐月，玉塔卧微澜”的绝句。泗洲塔，这座惠州西湖上最古老的建筑，与青山、白云、拱桥和碧水构成了西湖景区的徽标。作为西湖八景之一，泗洲塔矗立山顶近四百年了，它成了故土的象征，维系着惠州人深刻的故乡情。

在楼房鳞次栉比的惠州老城区，泗洲塔是可以一眼望见的标志性建筑，迎着西湖畔上的西山而去，穿过平湖门，走过横卧碧波的苏堤，越过西湖第一桥苏公桥，便来到宝

西湖八景之一、惠州西湖最古老的建筑，泗洲塔矗立山顶已经将近四百年

塔山下。在葱茏的绿荫中，只能看见半个塔身。它屹立于群山叠翠之间，阅尽惠州西湖的沧桑，让惠州这座岭南名郡显得更有层次感和立体感。

山不在高，西山的高度只有十多米，踏上木棉掩映中的红砖阶梯，去登高寻古。站在山顶的小平台上，只能仰视古塔。极目七层，似乎已高入云端。在佛教中七级浮屠是最高等级，不过，约 38 米高的泗洲塔内部楼梯却有十四层。塔内木梯可直通塔顶，各层辟有两个仅能容纳一人的观望口，举目远眺，一潭湖水映古城。

泗洲塔的历史可追溯到 1300 多年前的唐代，几经兴废，现存古塔是明代重建，历史不过四百年，但这已经是惠州现存最古老的建筑物了。泗洲塔为何称“泗洲”？毕竟惠州并无这个地方。事实上，“泗洲”的确是个外来的地名，这与唐代一位高僧有关。

663 年，西域何国有个叫僧伽的名僧来到东土大唐，他南游东淮，在泗洲（今江苏宿迁县东南一带）建立寺院，传经布道，名声远播。由于道行高深，他虽不是佛祖，却受到佛一样的礼遇。唐景龙二年（708 年），僧伽应召进入长安，两年后圆寂，享年 83 岁。

民国《广东名胜史迹》中的影像。平湖上孤零零的“船亭”——红棉水榭，在泗洲塔的映衬下显得脱俗而雅致。红棉水榭前身可追溯至宋代的湖光亭，清光绪年间广东提督方耀与惠州知府张联桂复建，抗战时期遭日军炸毁，1974 年改建为混凝土现代楼房——红棉宾馆唐中宗为其敬漆肉身，送回泗洲建塔供养，奉为“泗洲大圣”。僧伽在佛教典籍中被视为“观音菩萨”的化身，唐朝时的观音像即以僧伽容貌为模本，所以多为男相，以后才演变为女相。由于唐代佛教兴盛，全国各地都纷纷效仿修建“泗洲塔”，惠州泗洲塔便应运而生了。一千多年来各地泗洲塔多已灰飞烟灭，屹立在惠州西湖边的这座，是全国仅存的两座泗洲塔之一。[①]

苏东坡谪居惠州时，对泗洲塔赞赏有加，称之为大圣塔。每当明月升起，凉风逐波而过，湖光灿闪，屹立在西山的泗洲塔，便倒影入湖，若有若无。正是这样的美景诱得苏东坡诗兴大发，写下“一更山吐月，玉塔卧微澜”的绝句。东坡寓惠后，南宋诗人刘克庄称赞道：“不知若个丹青手，能写微澜玉塔图。”从此“玉塔微澜”便成为西湖一景。

明嘉靖四十三年（1564 年）泗洲塔损毁。张友仁在《惠州西湖志》中记载，万历初年，在泗洲塔原址建超然亭，到了万历四十六年（1618 年）泗洲塔才得以重建。与初建时的宗教功能不同，明代泗洲塔更多是出于优化“风水”的需要。明代李焘在《重建泗洲塔记》中写道，泗洲塔对当地风水而言是个“巨镇”，当有人提出重建泗洲塔时，广东巡抚王命璿很乐意地捐资，“不费民间一粟一役”。也正是从那时起，泗洲塔才正式从佛塔演变成“风水塔”。

明天启三年（1623 年）泗洲塔重建落成，宝塔给瞻仰者在视觉上以负重挺拔的动感，通过精巧的设计，泗洲塔的位置、材质、高度，与湖面宽窄、湖山起伏、湖岸曲折、湖景疏密，都匹配得恰到好处，让观者几乎在湖区的每个角落都能瞻仰宝塔雄风。曾任丰湖书院山长的清代诗人宋湘，用寥寥二十个字的小诗概括了泗洲塔的雄姿：“此塔立湖中，此湖泄其大。塔影落湖中，塔气出天外。”

就是这么一座塔气冲天的宏伟建筑，在四百年后的今天，依然雄峙西湖，成为整个惠州城当之无愧的标志性建筑。

---

① “泗洲”为“泗州”之误。本书沿用惠州泗洲塔用字。

元妙观

西湖北门平湖北岸

“元虚生宇宙，妙窍观天人”，西湖平湖北岸上元妙古观三拱券门上的对联引人入胜。恰逢中元节来临之际，元妙观烟香袅袅，信众如织。

走进元妙观，香火鼎盛，屋檐上的嵌瓷色彩艳丽，栩栩如生，中元盛会在即，整个道观更是装点一新，放眼纵观，不减当年“横流重檐，涂饰壮丽，像座威仪”之风。

檐柱上刻楹联：元来紫府开唐代，妙有丰湖隔俗缘；正门对联：惠府三清境，丰湖众妙门。道观门前的“九紫”碑，刻有“九紫”字样和八卦卦象符号，寓意“紫气东来”。

元妙观始建于唐天宝七年（748 年），是中国三大著名道观之一。初名朝元、开元，初唐因玄宗奉道教而建，与广州三元宫同属罗浮山冲虚观分支。宋大中祥符九年（1016 年）赐名天庆，苏东坡寓惠时曾为此题匾“丰湖福地”。元代改称玄妙，当时最为兴旺。明嘉靖年间改名元妙至今，历经兴废，毁建多次，现存有明崇祯十三年（1640 年）重建的山门和清宣统元年（1909 年）重建的偏殿。元妙观与西湖美景融为一体，为西湖主要的

民国《广东名胜史迹》中的元妙观

元妙观是西湖主要的名胜古迹之一，是惠州道教协会所在地

明嘉靖年间的“谒东坡先生祠”石碑

谒东坡先生祠

玉署词章百代雄，惠阳人士仰文忠。金莲曾撤官中烛，白鹤长浮水上峰。池沼春云生丽藻，祠堂暮日锁垂虹。怜予同是飘零客，欲赋招魂愧未工。

嘉靖丁巳岁三月八日闽中环江陈瑾识

名胜古迹之一，是惠州道教协会所在地。

1942 年，元妙观中三清殿、玉皇阁及偏殿被驻军观中的日军焚毁。“文革”期间，元妙观又惨遭劫难，神像被砸，殿堂被毁，历代所遗留下来的名人石碑、木刻、墨宝、器物几乎荡然无存。观内现存石碑两处，一处为嘉靖时期的“东坡先生祠”石碑，一处为康熙年间，知府王煐为建白真人紫清阁并刻《紫清阁白真人不立像碑说》石碑，是惠州较古的碑石。

元妙观一角

1982 年开始，宗教活动恢复，曾为元妙观全真龙门派第二十四代法嗣的王诚廉道长广结善缘，号召信众捐资出力，历经十几年的奔波，元妙观终于重新屹立在西湖之畔。现今的元妙观，进门供奉王灵宫像，其正后方为老子雕像，殿前天阶前拾级分左右两道，中间雕刻有太极图和十二生肖图样，与主体建筑成一轴线。拾阶而上，进香亭后为玉皇宝殿和元辰宝殿，大殿之后是三清宝殿，各殿雕梁画栋，庄严肃穆。两边偏殿分别有六十甲子殿、三元殿、北帝殿、观音殿、包公殿、关帝殿等。古观的偏殿为惠州蓬莱书画院和一处倡导尊老爱幼、从善为尚的道教文化展廊。

元妙观一年一度举办“中元盛会”

准提阁

桥西惠州西湖崇道山

明末清初之时，惠州西湖早已因文人雅士寓惠驻足、赋诗吟诵而名声大噪，足与杭州西湖相提并论，而隐藏在西湖崇道山万绿丛中，俯瞰丰、鳄二湖，占一湖之胜概的准提阁却鲜有名气，直到准提阁来了一位叫雪樵和尚的方丈。

雪樵和尚真璞最初因拒绝入仕清朝削发为僧。准提阁因雪樵和尚的到来聚集了一批反清复明的仁人志士，成为惠州士子的酬唱之所。这些惠州士子大多是当代俊彦，形成当时惠州甚至整个粤东阵容最为强盛的文化群体，给准提阁增添了深厚的文化底蕴，令其成为东江乃至岭南最负盛名的禅林之一。

准提阁始建于明朝中期，当时称为瑞开阁，后因阁中供奉准提菩萨，改称准提阁、

远眺准提阁

准提阁中心建筑大雄宝殿，阁中供奉准提菩萨

准提寺。清康熙初年，因雪樵和尚至此弘法而兴盛。清嘉庆年间，知府伊秉绶在准提阁兴建“无碍山房”给惠州文人学士进行学习交流和集会，更使准提阁儒佛两盛。清末受清政府对宗教政策的影响开始衰落。1903 年，著名革命僧人苏曼殊在准提阁第二次剃度出家。抗战期间，县城六度庵被毁，庵中的十八罗汉被迁入准提阁，故今人又俗称准提阁为“十八罗汉”。1953 年，准提阁内的十八罗汉塑像和准提观音神像被毁，1965 年改建为西湖中学，1969 年又移交给驻军使用。直到 1986 年，准提阁划归惠州地方政府管理。1996 年，经惠州政府批准重建准提寺。重建后的准提阁，其规模大大超越从前，释迦、阿弥陀、大日如来三大佛及十八罗汉也得以重塑金身。不过，准提阁大雄宝殿和侧殿观音殿分别交付使用后，剩余重建工程停止。2012 年，准提阁经过批准再次重建，以大雄宝殿为中心，依次恢复重建观音殿、地藏殿、弥勒殿、钟鼓楼、僧舍综合大楼、山门、景观回廊等，为官式仿古建筑。

从平湖门进入西湖，走过苏堤，跨过西新桥，穿过东坡园，即可见崇道山下一座传统古朴的山门，四柱三门，中间两门柱前各有一尊石狮，正中门洞上方嵌“准提寺”三个大字，黄底金字，两旁有楹联。准提阁坐落在崇道山上，访古刹需过山门登阶而上。

准提寺依山傍湖，环境清幽，青松翠竹环绕其间，树木繁茂但并不妨碍视线。登准提阁可俯瞰西湖全景，名曰“准提远眺”，“江峰远近横”“水满六桥低”的美景尽收眼底，如置身于画中。

历经五百多年岁月沧桑，几经兴废的准提阁最终避免了覆灭的命运，得以幸存，香火延续。正如“竹叶筛空不碍晴”，不管多少坎坷也没有阻碍准提阁重新焕发新机。如今，准提阁成为惠州西湖新的旅游景点，也成为惠州佛教文化特色之一。

准提阁牌坊上的托塔天王雕像

崇道山下古朴传统的准提寺山门牌坊

红花湖

龙丰上排红花湖路

有人说，红花湖没什么历史典故，没什么人文底蕴，然而就是这样纯粹的风景，在喧嚣闹市的一角犹如世外桃源般，让人身心得到舒缓。

红花湖位于惠城区西南侧的龙丰上排大石壁、红花嶂一带山地，因依傍红花嶂而得名。红花湖处于红花嶂和高榜山之间，水质优良，为惠州西湖的活水之源。自 1991 年建湖至今，已拥有九平方公里的景区面积，并包括了西湖古八景之“水帘飞瀑”，以及“山寺岚烟”，原景已无存，均为后来重建。

走进红花湖，整个人会因安宁舒适的环境、清新凉爽的空气而不自觉地放松。不过是转瞬之间，已坐拥一湖清净，汽车的鸣笛声、城市的喧嚣声，统统被隔绝在外，剩下的是鸟语花香、满目苍翠，身入其中，不由放缓了脚步，不愿错过每一次与大自然的亲密接触。

绕着红花湖环湖绿道骑行，是许多人游湖必选，十八公里的环湖绿道既满足了健身

红花湖一隅

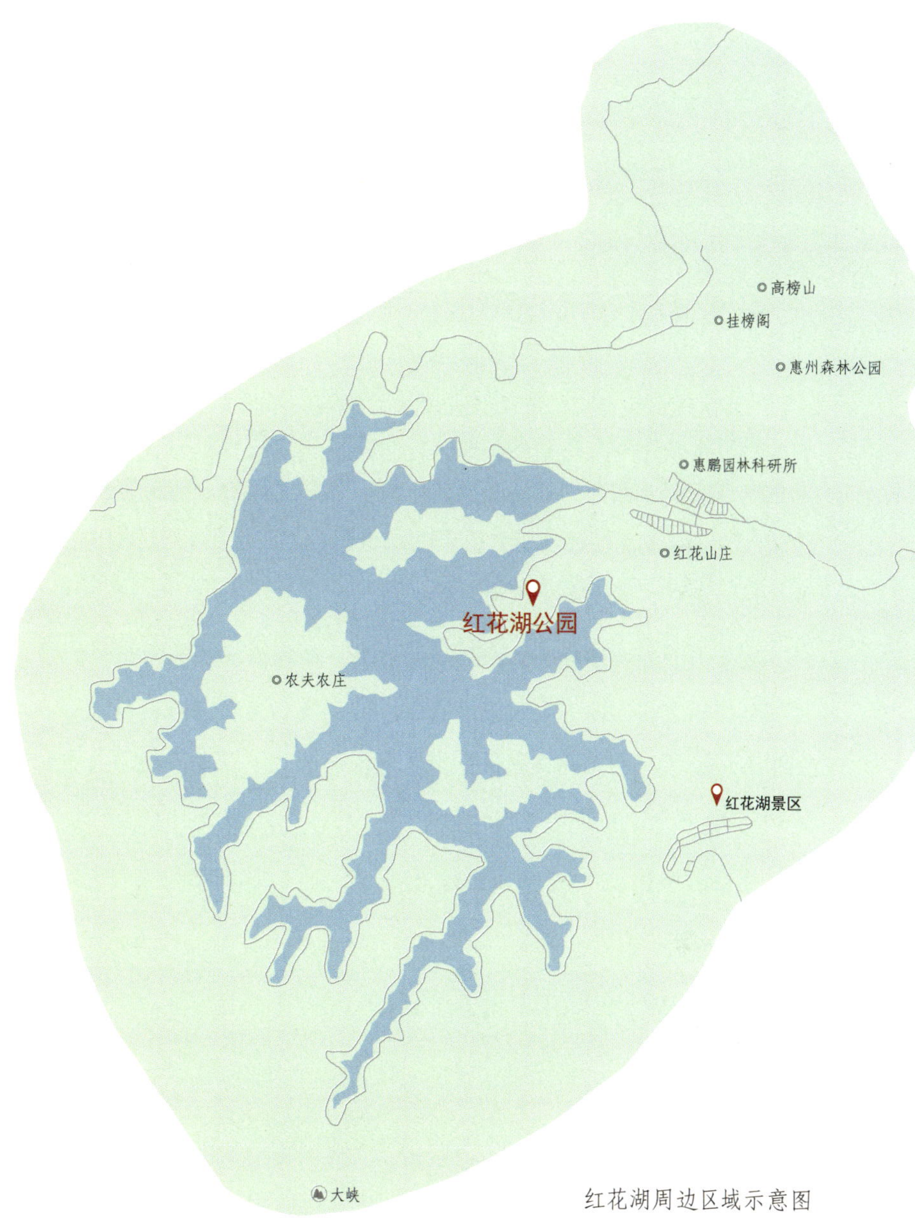

红花湖周边区域示意图

的需求，又能沿途一览湖光山色，真正领略到“山不高而秀雅，林不染而滴翠，水不深而澄清，树不老而茂盛”的意境。中沿还可到三江园、故乡园、月印湖天、知山亭、鹤舞松涛、斜阳醉水、卧龙香雪等十余处景观游览。

因为有高榜山的“保护”，红花湖深居山中，免遭外界侵扰，所以能够自始至终地保持自身的那份清澈和宁静。在红花湖步行总有一种在山水间行走的感觉，青山碧水，相得益彰。若是在一场秋雨过后，水光潋滟，山色空蒙，正如一幅清新的山水画。

高榜山

龙丰红花湖景区北面

若说登高望远、观光览胜之地，惠城首选当属高榜山。高榜山又名挂榜山，位于西湖景区西南面，西湖的鳄湖西至西南端，北傍紫薇山，西至惠州市林场，与螺山、凤山相望，为红花湖北面最高山。山上林木青翠茂盛，犹如一道绿色屏障横亘于市区西南面，故高榜山素有“惠州城市之肺”的美誉。

据说山上原有峭壁耸峙，似金榜高悬，挂榜山因此而得名。旧时惠州学子赴考，待到朝廷放榜之日，便齐聚西望最高山，若有祥云出现在榜山石壁前，即寓意本郡有学子中举人或进士。邑人遂将登科学子之名张挂于此，以表其功，以励后学，高榜山寓意为金榜高中。

高榜山海拔 229.66 米，山色秀丽，旧称“榜岭春霖”，现为惠州十大名胜之一。

高榜山为惠州西湖十八景之“榜岭春霖”所在地，山上林木葱郁茂盛，素有“惠州城市之肺”的美誉

2010 年建成的挂榜阁为仿明清官式建筑，与高榜山同为寓意金榜高中之意

从红花湖北门的绿道边取石阶小路上山，一路草木郁郁葱葱，两旁的树木挡去了盛夏的炎热，只投下星星斑点的光影。目光所及之处皆为翠绿，越往上空气越发清新，偶有山风轻拂而过，令人心旷神怡。虫鸣鸟叫喧嚣其中却又不令人厌烦，真是“蝉噪林逾静，鸟鸣山更幽”。据说在高榜山中有一株有着“活化石”之称的国家二类保护植物大叶黑桫椤，不过长在山林深处，难得有缘相见了。

即使山并不高，一路又有草木虫鸟相伴，及登上山顶，也是汗流浃背、气喘吁吁。而此时目光早已被山顶那恢弘的建筑所吸引，那便是挂榜阁。挂榜阁于 2010 年建成，为仿明清官式建筑风格，采用花岗岩石材墙面，灰色琉璃瓦面，顶部为歇山十字顶，高七层。二楼正厅立孔子圣像，此外还有《论语》竹简挂屏、六艺壁画、孔子圣迹图、孔庙微缩景观模型等精致作品展示。登上挂榜阁，南可观红花湖秀丽山水，北可望西湖及惠城美景，惠州城“半城山色半城湖”的美景一览无遗。除了挂榜阁，高榜山上还有“白云窝”“石棋盘”等奇观，北侧的“祥云塔”更是与挂榜阁遥相呼应。随着历史的变迁，高榜山上的名迹大多被湮没。据《惠州西湖新志》记载，高榜山过去名迹颇多，而莲池、石楼、韶华石、凤栖洞等历史名迹，则随着历史的变迁或湮灭，或久废。如今尚存有民国时期的碉堡群和明代陈九成墓。

白水山

小金口惠州大道298号中信汤泉度假村

“山不在高，有仙则名；水不在深，有龙则灵”，这是中国人对风景名胜的态度。但凡历史名城和风景名区，多半有背后的故事，或藏着古老美丽的神话传说，或演绎一段动人的邂逅。所以白水山的美，美在身处自然、天然雕饰出的奇和险，美在四季交替、寒暑易节装扮出的绚丽和多姿，更美在与苏轼谪居惠州两年多时间里的三次相遇。从此，景因人多情，人为景增色，白水山让苏轼的贬谪生活多了一分闲适，增了一分豁达，苏轼让白水山添了一缕诗意，加了一丝温度。

白水山有一热一冷两景最具特色：汤泉和瀑布。三山环绕的泽谷之间，数处泉眼在

苏东坡寓惠时游过的白水山，山中汤泉被誉为“岭南第一汤”

深幽景色中淡视尘俗，不问人间的烽起烟灭，吐纳喷涌，源源不断，把温暖洒向人间，用泉露泽润大地。瀑布在群山翠林深处奔腾而出，恰似惊雷崩腾，又似碧流飞雪，沿着沧古崖壁逐级而下，九曲回环，一步一潭，至崖壁底下第九潭，归于宁静，聚成九龙潭瀑布。汤泉与九龙潭瀑布相隔不过数百步距离，汤泉翻涌，瀑布飞流，一上一下遥相呼应，交相辉映。

九百年前，如果不是白水山美得如此令人向往，一定等不到苏轼这位来自远方的游客；如果不是苏轼内心的通达，也一定不会在经历政治风暴后依然镇定自若漫游在异乡的景色之中。宋绍圣元年（1094 年），苏轼来到惠州，在宦海生涯中他早已是“浮名浮利，虚苦劳神”。他乘船沿东江而下，在小东门登岸，结束政治生涯的漂泊，踏上一片全新的人生陆地，这一次贬谪虽说是他政治仕途理想的退败和破灭，却也是人生路途的又一次柳暗花明，于是内心就有了“穷猿已投林，疲马初解鞍”的感慨。

来到惠州不过十天，苏轼就与儿子苏过同游白水山，浴汤泉，观瀑布，赏佛迹，二鼓时分归至家中，初次领略“郁攸火山裂，觱沸汤泉注”和“双溪汇九折，万马腾一鼓”的怡人景色。次年三月，

今汤泉度假村一角

九曲回环、浩浩荡荡的瀑布

与太守詹范、县令林抃再游白水山，写下《和陶归田园居六首》，流露出“适物而安”的精神状态，在一热一冷的汤泉和瀑布间，消退曾经的政治追求的炽热，慢慢归于平静，融入山水的闲适和安逸。第三次与表兄程正辅游白水山，此时的苏轼已经纵情于惠州山水之间，站在白银飞溅的瀑布下“一洗胸中九云梦”，洗净名利的纷扰和羁旅的疲倦。

度假村别具徽州特色的建筑

苏轼三游白水山，每一次都是心灵的洗涤、境界的开拓，而自他游览赋诗后，白水山名声愈盛，吸引了更多文人雅士到此一游。有人专门为之作记吟诗，有人在峭壁上摩崖石刻，直到今天，白水山仍以其独特的景色和深厚的文化不断吸引游人的到访。

度假村如画的风景

度假村景观“时空隧道”入口

| 九龙潭摩崖石刻 |

小金口惠州大道 298 号中信汤泉度假村

在八百多年前的南宋，一日，惠州天色正佳，几个人心情也不错，带着茶具相约九龙潭，煮泉沏茶对饮，欣赏奔雷崩云的瀑布。走时在九龙潭右侧石壁上用正楷字体篆刻："襄阳黄孟容蒲阳叶次魏方龟年因劝耕瀹茗于此时嘉定壬申二月十有五日"，留下了惠州九龙潭最早的摩崖石刻。可惜今人炸石建桥，历经八百年风雨而不褪色的此石刻已荡然无存。

"一洗胸中九云梦"及"不浊"石刻

“涤荡埃气”石刻

自南宋以后，九龙潭的崖壁被瀑布冲洗了七百多年，直到民国时期，又添上新的刻痕：身为军人的武将李扬敬在九龙潭瀑布的震撼下写出“涤荡埃气”“扬清”的感慨。“一洗胸中九云梦”，是苏东坡所见的九龙潭瀑布的美，民国二十四年（1935 年），时任广东省民政厅厅长的林翼中站在九龙潭瀑布下，观景生情，也想表达点什么，或许是苏东坡的吟咏已经足够契合他的内心感受，自己再难出其右，因此，这年冬天，他令人在九龙潭的崖壁刻下“一洗胸中九云梦”，至今清晰可辨。

惠城后花园——墩子林场

芦洲 203 县道附近

在惠城区北部的芦洲镇有一处待人发觉的后花园——墩子林场，它像一块从城市化轨道上遗落下来的处女地，一个被无意打翻在大自然中的调色盘，安静地藏在城市后方，不轻易进入人们的视野，保存着自己独特的风韵，真正靠近时，才看清它在疏远我们的时候独自酝酿出的美。

一条水泥小径，曲折蜿蜒，游走向林场深处，像是早已安排好的向导，带领着人们领略一路美不胜收的自然景色。

初入林场，见竹林遍布成海，竹叶苍翠欲滴，一团紧挨着一簇，在道路两旁被风和阳光压弯了腰，纠缠成廊，绵延远去，锁住一廊春色；竹廊外炙热的阳光从绿叶的缝隙处挤进来，糅成一束，转瞬间又变得温柔，安静地贴在地面，斑驳成影，随着竹叶摇曳忽明忽暗；道旁的小溪从山巅出发，顺势而下，在平缓处娴静，在跌宕处欢愉，村庄告

惠城后花园——墩子林场

山清水秀的墩子林场一隅

诉它生活的乐趣，竹林诉说着绿荫深处的秘密，山里的故事它都知道。

渐入林场深处，另是一派乡村闲适生活的景象：道路将几处村庄串联一线，村前溪水流淌，村后密林成荫，农夫在厅堂喝茶闲聊，孩子们总是难以安静，在门前嬉戏打闹后，转眼又光脚踏入清凉的溪水。邻家憨厚的狗跟着小孩奔跑一阵后，在草丛间来来去去，走走停停，用灵敏的鼻子寻找它想要的气息；林荫下的耕牛安闲地磨牙咀嚼，扇耳甩尾，想要拒绝苍蝇的亲近；一旁的稻田里，禾苗密密排列，浸润了阳光雨露，静候着秋天，酝酿着一年的丰收。

盛夏的林场清凉舒适，而当地的居民告诉我们，春天的林场更是美得如画。墩子林场有上百种野生动物，六百多种植物，每到春天，这些动植物就显示出蓬勃的生命力。尤其是山上约五万株、近八千亩的野生杜鹃，每年春季花开时节，杜鹃花含香吐蕊，点缀得漫山红遍，慕名的游客纷至沓来，争相目睹这“后花园”的争奇斗艳。

墩子林场已经被划定为第二批广东省生态公益林示范区，林区设专门的护林人员看护，维护林区的生态平衡。随着墩子林场名声传播，越来越多游客前来赏花、露营、骑行。墩子林场树起绿色旅游品牌的同时，加强保护成为芦洲镇政府要面对的挑战了。

白鹭湖风景区周边交通示意图

白鹭湖

汝湖雅居乐大道1号

白鹭湖，位于惠城区东北部的汝湖镇，原名角洞水库，是在天然湖的基础上兴修水利后形成的风景区。地理位置优越，广惠高速公路从景区南部跨湖穿过，西接惠盐高速和小金口立交，东为汝湖镇入口，南邻江北中央商务区，北靠大良山，湖江拥翠，青山环绕。

白鹭湖湖区曾被誉为水体澄净、环境优美的候鸟天堂。因每年都有大量候鸟前来越冬觅食，烟波渺渺中常有成群白鹭翔集，故得名“白鹭湖”。

白鹭湖是惠州面积最大、生态环境保存最好的湖域。湖区地势呈西高东低，周边多为坡度起伏较小的丘陵地形，平均海拔约100米，湖区面积广阔，西北侧蜿蜒伸展的大良山恰似一道天然屏障将白鹭湖与外界相对隔离，使湖区成为幽静的世外桃源。东南部地势开阔，以平地为主。湖内拥有多座岛屿，湖岸曲折多湾，水景资源丰富。

现在的白鹭湖风景区规划为以生态资源为主的旅游度假区，集商务、投资、休闲于一体，营造环境、建筑、文化特色兼具的中国味十足的山水画意境，发展以惠州为基点的旅游度假市场，辐射深圳、香港、东莞、广州，甚至全国。

白鹭湖风景区鸟瞰图

当清晨的第一缕阳光攀上**古老的城墙**，一切仿佛都从沉睡中苏醒，城墙之上的**中山公园**早已聚集了充满活力朝气的人们，或为舞剑练拳的年轻人，或是跳舞健身的大妈，还有孩童戏耍其间。而城墙之下，是**悠悠东江水，**这城墙是古时的**惠州天堑**，守护着城内的一方安宁。

第二章
对话古建筑

府城遗风

FU CHENG YI FENG

消失了的惠州古城

明代古城墙

桥西滨江西路

当清晨的第一缕阳光攀上古老的城墙，一切仿佛都从沉睡中苏醒，城墙之上的中山公园早已聚集了充满活力朝气的人们，或为舞剑练拳的年轻人，或是跳舞健身的大妈，还有孩童戏耍其间。而城墙之下，是悠悠东江水，这城墙是古时的惠州天堑，守护着城内的一方安宁。

惠州于明洪武元年（1368 年）始设惠州府，府城之处在宋代已有城墙，但规模较小，宋末已塌。明洪武三年（1370 年），知府万迪与守御千户朱永分别率军民在故城的基础上扩城墙。明洪武二十二年（1389 年），惠州知府陈继主持扩城运动，以石头青砖砌筑。扩建后的城墙高 1 丈 8 尺（约 6 米），周长 1255 丈（约 3903 米），有雉堞 1840 个。共七个城门，门之上有“敌楼”用来观察和射击来到城墙下的敌人，其中又以北门要塞朝京门最为坚固，素有“惠州天堑”之称。此时的府城城墙已有固若金汤之势，奠定了明、清两朝数百年惠州府城的规模和格局。明嘉靖十七年（1538 年），城墙毁于一场飓风，自此，府城城墙进入漫长的重修时期。

在冷兵器时代，惠州经历无数次大小战役，城墙千百年来固若金汤。1925 年的第二次东征战役，国民革命军攻打惠州城，在强力炮火轰炸之下，激战 30 个小时，最终以阵亡 200 多人的代价攻陷惠州城。国民政府为杜绝军阀觊觎，决定拆毁城墙。至 1928 年，东、南、西面城墙俱拆除，筑环城路，北面城墙因水位低，保留作防洪用。

从朝京门往南至东新桥，幸存下来的城墙约 800 米，不及总长的四分之一，其中保存较好的是中山公园至朝京门的一段长 300 多米的城墙。与新建的城墙相比，老城墙有着更多的时间痕迹，大部分青砖长了青苔，略显斑驳；墙体上长出许多绿色植物，偶有榕树攀爬于墙体之上，根系铺满墙面。墙体有的地方中断了，用石头填补好，有的地方只剩底部的墙根。从台阶登上城墙，已不见昔日巍峨的身影，城墙内侧或与公园相接，

明代古城墙中的青砖及铭文

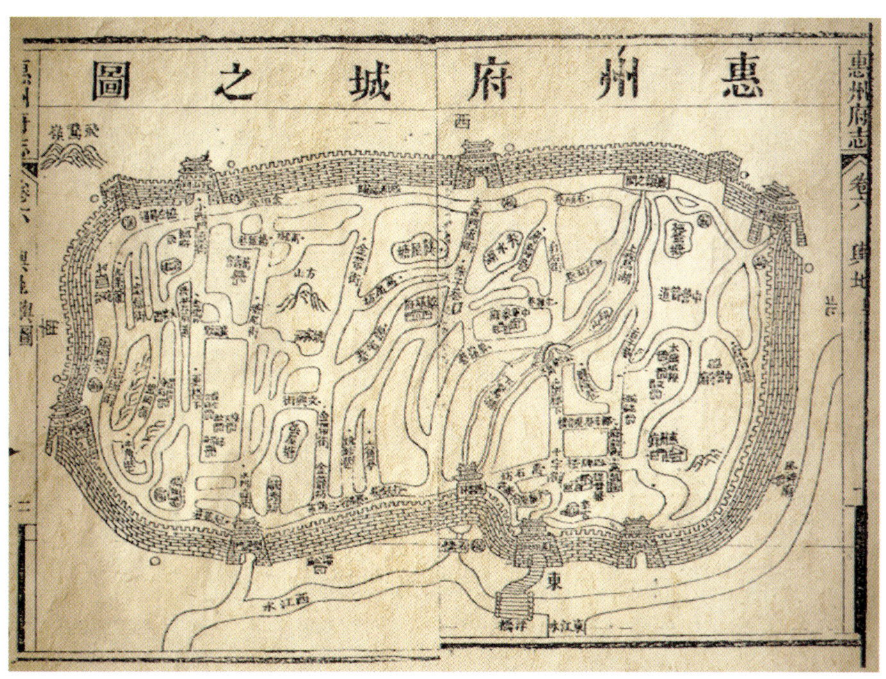

清光绪《惠州府志》中的惠州府城图，九街十八巷的格局脉络清晰可见

在民国《广东名胜史迹》中，民国初年惠州的明城墙尚未拆除，依然是护城的天堑

填为平地，或紧贴居民楼，有些连为一体。城墙上的通道，已被现代的混凝土覆盖，旧时城墙雉堞换成了现代的水泥柱或铁栏杆。

数百年来，城墙用自己牢固的躯体保护着城中千家万户百姓的生活安宁，然而岁月却模糊了它的身影，也彻底埋没了它最初的用途。如今，老城墙已成残垣断壁，隔开悠悠东江水，依然守护着这座城。

滨江西路上一段盘满榕树根系的古城墙

惠州天堑朝京门

桥西滨江西路与下角东路交会处

“铁链锁孤洲，浮鹅水面游。任凭天下乱，此地永无忧。”这是惠州当地旧时流传的一首民谣。古代的惠州府城，三面环水造就得天独厚的优越地理位置，坚固的明城墙给惠州带来“东江要塞”的美誉。七座城门楼中，又以北面朝京门最为坚固，在冷兵器时代，还没有被真正攻克过，故历史上朝京门又有“惠州天堑”之称。

明洪武三年（1370年），惠州知府万迪与守御千户朱永率军民扩城建城墙，始增北门。洪武二十二年（1389年），改北门为“朝京门”，沿用至今。“朝京”，取朝向京城之意，而“京师者，天子之居也”。一道朝京门寄托了多少古代惠州文人学子科考入仕的理想。古代的朝京门正向朝北，正对拱北桥，拱北桥上有迎恩亭，路过惠州的京官都是从此门进入惠州城，可见朝京门的历史意义。

在冷兵器时代，朝京门地处历代兵家必争之要塞从未失守，然而终究抵不过炮火无情的洗礼。1925年，国民革命军发动第二次东征，朝京门在东征军的炮火轰炸之下岌

朝京门为惠城交通要道，城楼下车流不息，门洞有阀门，可作防洪之用

从西湖穿过朝京门城楼下的门洞到东江边，不过百来步的距离

岌可危，最后被拆除。直至近年，惠州政府兴修水利，选定北门故址，按明代古城楼复制，重建此楼，与明代古城墙相连。2006 年 7 月，城楼落成；2008 年 10 月，进行内部精心装修，形成今日所见之城楼。

新建的朝京门正向朝东，面向东江，城楼气势雄伟而又简朴大方，黛瓦红檐，为重檐歇山顶结构，仿明清官式建筑。城楼下是三孔拱形门洞，从东江边穿过门洞到西湖边不过百来步的距离。沿石阶登上城楼，东江两岸的景色以及“苎萝西子”的风情尽收眼底，不禁想起宋著名诗人杨万里旅惠之时曾著诗“左瞰丰湖右瞰江，五峰出没水中央”，走过千年岁月的朝京门，依然是“瞰湖”“瞰江”的最佳之地。屹立在东江边的朝京门，同时还兼具阻挡百年一遇洪水的功能。城楼的城门内安装人字形闸门，平时闸门敞开，作为交通通道，当汛期需防洪挡水时便关闭闸门。

如今朝京门的位置和朝向与旧时不同，毕竟年代久远，又无照片遗留，很难重塑原貌。和平年代的朝京门虽不再作军事防御之用，却还是用自己的躯体紧紧环抱着这座城市，保护着城中千家万户百姓的生命。

| 五先生祠 |

原址位于现惠州宾馆，现已不存

惠州历来文风兴盛，至明代文教最为繁荣，其中以晚明“湖上五先生”为典型。所谓“湖上五先生”，指的是明朝惠州在官绩、文化等方面有突出业绩的叶萼、李学一、叶春及、叶梦熊、杨起元五人。

叶萼为明代大儒薛侃的得意门生。曾因惠州山贼海寇之患严重，穷查贼情三年，绘地形图，上疏请剿惠州积患，为世人所称道。曾任严州教谕，后辞职回乡，任教于天泉书院。著有《全湖大势论》《合图易疏》《广莫游草》《方壶漫游》《诗书精释》等。

李学一为明朝清官李鹏举之长子。隆庆二年（1568 年）进士，授庶吉士。因父丧归家，见惠州山海贼寇四起，百姓受累，遂上疏请剿，贼寇灭，百姓奔走相告。李学一为人正直坦诚无城府，敢于抗颜直言，不趋附权贵，被晋升为苑马寺卿，终因劳瘁而卒于任上。

叶春及为惠州明代方志学家。嘉靖三十一年（1552 年）举人，隆庆初授福清县教谕，未赴任即上万言书论《端治本》《纠官邪》等，名动京师。后擢升宾州守，妒忌者藏匿他的任命书，使他不能赴任而受弹劾，削籍为民。后归隐罗浮山，读书谈道，著述不辍。万历二十年（1592 年），入为户部员外郎，随转江西司郎中，拟上书《拟请核九边屯田具》，疏未上，以劳瘁卒。叶春及一生修志甚多，有《肇庆志》《顺德志》《永安志》《惠安志》。

叶梦熊，明嘉靖四十四年（1565 年）进士。万历二年（1574 年）以郎中知赣州，后辽东军情告急，又调任永平道军备，创轻车火炮，一试辽东，所向披靡，辽东内外承平，十年无事。万历二十年（1592 年），叶梦熊奉旨带兵平叛宁夏，大胜，朝野同庆。叶梦熊连升四级，官至兵部尚书，加太子太保（正二品），恩荫三代。

杨起元，晚明的理学大师。隆庆元年（1567 年）会试第一，万历五年（1577 年）进士及第，官至北京吏部左侍郎兼侍读学士，摄吏、礼两部尚书事。曾创建惠州敦仁书院，纂修《惠州府志》。著作《证学篇》《识仁篇》《诸经品节》及《杨文懿集》被《四库全书》存目。

“湖上五先生”均受益于明代惠州文教之盛，同时又以自身成就回馈惠州文教。清雍正二年（1724 年），知府吴骞集郡人议，于披云岛西新园建“五先生祠”，合祀叶萼、李学一、叶春及、叶梦熊、杨起元，供后人祭祀瞻仰，又称为“五贤祠”，显见郡人对他们功业的认同和人格的敬重。

令人惋惜的是，抗战时期，西新园被毁，五贤祠也随后坍塌。现遗址之上建惠州宾馆，惠州博物馆中亦仅存一块残缺的清初修建时的“五先生祠”残匾。

旧时名噪一时的五先生祠，现仅剩惠州博物馆中保存的一块残缺的石匾

| 合江楼，东江第一楼 |

桥东东新桥北

唐有王勃《滕王阁序》、崔颢《黄鹤楼》，宋有范仲淹《岳阳楼记》，历代名楼皆因文学大家的凭吊而声名远扬。而苏轼贬惠，寓居合江楼时写下的“海山葱茏气佳哉，二江合处朱楼开”亦使合江楼闻名遐迩，虽远不能与“江南三大名楼”齐名，却也是广东六大名楼之一。

合江楼始建于北宋初年，至苏东坡贬谪惠州时，已经存世有百余年。据《惠州西湖志》记载：“合江楼，在府城东北，当东西二江合流处。宋苏轼尝寓此。”古代合江楼位于现今桥西滨江西路和公园路交界处，它是惠州府城的东城门，所以也称小东门。宋代，合江楼原是三司行衙中皇华馆内的一座江楼，为朝廷官员的驿馆，苏东坡作为贬官，

合江楼鸟瞰图

照理说住在合江楼是与身份不符的。然而，惠州知府詹范敬仰苏轼的才学和为人，力排众议给予他高规格的待遇。因寓居之缘，大文豪留下了千古脍炙的诗篇传世咏诵，合江楼由此声名鹊起。

千百年来，惠州府县之间被东江与西枝江分隔两岸，两地百姓往来几乎全靠坐船过渡，合江楼前的小东门渡口也称合江渡。据方志记载，宋明之前惠州城内只有合江一渡。由于当时惠州对外交通主要靠东江水路，而此渡又紧靠山府署，故官员之往来和百姓之进出都需经由此渡。一楼一渡，阅尽离合。

历史上的合江楼屡经兴废，南宋时期出现坍塌，明朝重建，清康熙年间又复修缮，于民国初期拆城被毁。历经一千多年的损毁、修缮和重建，东坡谪居过的合江楼早已湮没在滚滚的尘埃中，踪迹难寻。

因合江楼原址被民居所占，今合江楼为2006年在原址隔江相望的东岸重建，但仍然处于东江、西枝江汇流之畔，“合江”之意千年之后继而续之。

桥西大东城基路合江楼旧址出土的明代雕花徒板石

重建的合江楼坐落于桥东东新桥旁，因“扩大区间，增其旧制”，外观愈加气势恢宏。为清代官式风格，九层回廊式建筑，重檐攒尖顶造型。高48.77米，主体建筑八层加基座共九层，主体墙面为青灰色花岗岩，辅以古色古香的码头和广场为一体。由下仰观，凌云笔挺。整体建筑逐步向上收窄，二层以上每层均有挑台环绕。楼角一分而三，回廊曲直有致，粉墙黛瓦，红柱彩画，斗拱梁枋，繁复精巧。高处楼层有多处楹联和名人题写的匾额。

远望合江楼，与身后旧城改造后新建的成片仿古式民居融为一体，如在画中。而于合江楼上极目俯瞰，广厦林立，灯火辉煌，双江滔滔，西湖旖旎，景色宜人，美不胜收。飞阁临江欲揽云，双江秋水映月明。合江楼，作为东江第一楼，于盛世中复兴，将传承千年古韵，缅怀先贤，勖勉后人。

文笔塔

桥西东新桥西侧

当科举作为文人学子入仕晋升的唯一途径时，金榜题名对个人及一个地方都有着极其重要的影响。然而自入清后，惠州众多文人学子投入到反清复明的战场中，加上“雍乾盛世”大兴“文字狱”，令惠州社会连续遭遇打击，士气萎靡，文运式微，科举成绩大不如宋、明两朝，在咸丰、同治年间甚至与进士无缘。

同治年间，为助文昌兴旺，惠州邑人集资在府城之西建仓颉庙，面对挂榜山；府城之东兴建文笔塔，塔下小路命名为“青云路”，意在祈求“紫气东来”“青云直上”。文笔塔形似毛锥，巍然矗立，直插云霄，古称无“塔”字，只称文笔。文笔塔旁边便是惠州府官学，兴建文笔塔寄托了无数惠州学子对科考高中的美好愿望。或许是文笔塔对

惠州西枝江上，连接惠州府城与归善县的浮桥。从县城隔江望府城，府城墙的大东门和文笔塔清晰可见（摄于 1918—1924 年）

2000 年修缮后的文笔塔

惠州学子真的起到激励作用，塔建好后不久，惠州文坛果然重振雄风，于光绪年间相继出现了李绮青、江逢辰、廖佩珣等几位进士。而才华横溢、以孝闻名的晚清才子江逢辰，以及被称为“岭表词场的射雕手”的李绮青在当时都是响当当的人物。

时代几度更迭，仓颉庙和惠州学宫均已湮没在历史长河中，独剩文笔塔依然竖立在东江和西枝江的交汇处，静听江水流淌。在东新桥的西端，文笔塔立于绿树丛中，举目可望，五层的阁楼式砖塔完好地保存了清塔形制特点。塔身平面呈正八边形，高 20.29 米，基座边长 2.5 米，底层高达 3.05 米，以上各层次第减低，面积也层层缩小。塔身上使用了传统石雕技艺，塔檐砌法细腻。塔身除了第五层为单檐外，一至四层均砌重檐。第二层开方形明窗作为点缀，第三层南、北两面辟有圭形门，四、五层则仅在南面辟门。塔刹的建筑颇有特色，由刹座、覆钵、宝盖、宝珠等层组成，比例协调，装饰性突出。2000 年，文笔塔塔身多处被榕树撑裂，经过重新修缮，恢复原貌。

塔于建造之初便无法登临，只能仰望。徘徊于塔下，依稀能想象，旧时踌躇满志的惠州学子手握诗书，踏青云路而来，站在塔下仰视，心中默默祈盼他日能金榜题名，青云直上。文笔塔曾见证过科举时代学子们的辛劳，作为城市文化的载体，延续着惠州的千年文脉。

文星塔

江南文星公园内

明万历二十三年（1595 年）由惠州同知丘一鹗与郡人叶萼、叶梦熊妻子廖氏等人出资兴建，七层八面的文星塔在东江之南的三台石（今下角东江边三台石上原惠州糖厂一带）巍然屹立。这座与西湖泗洲塔、西枝江文笔塔并称为惠城三塔的七级浮屠，曾被视为镇江兴文的风水宝塔，在几经兴废之后又于 2014 年重新落成。

2014 年重建的文星塔，位于三台石文星公园内

民国《广东名胜史迹》中的文星塔影像

文星塔俗称大江塔、三台塔，旧时为西湖“三台晓日”一景。清同治六年（1867 年），风摧塔顶，文星塔第一次经受天灾。第二年，知府蒋立昂和郡人殷光昌、邓廷瑜等重建。1970 年，文星塔在“破四旧”中被拆。

如今的文星塔，在与原址相隔两百多米处，按照老照片复原后重新矗立于东江之南的文星公园内。首层南北各一扇门，其余六面设尖形窗，二层以上均开八窗。塔身为仿古青砖墙，每层作重檐挑出工艺，八个角覆上红砂岩包边装饰。今天的文星塔与下角老人们记忆里的文星塔相比，始终少了历史的味道。

古时的“万石坊”，自 1933 年起，为纪念孙中山先生改称“中山南路”

万石坊

桥西中山南路，旧址已不存

古时的地名、街名背后总有一些逸事成为人们的谈资，位于桥西的十余米宽、一二百米长的中山南路，在古时的惠州城称“万石坊”，“石”应读“dàn”，是古代的容量单位。

其得名，据《惠州西湖志》记载：“宋李思纯、弟思义、黎献臣、陈周翰、陈开，皆以二千石里居，因集而名之。”

宋朝惠州人李思纯，知琼州安抚使，与其知封州的弟弟李思义、知康州的陈周翰、知新州的陈开、知雷州的黎献臣，同住一街。据史料记载，西汉的郡守、太守，东汉的州牧（后改称刺史），主要俸禄为俸粮二千石，除此之外，还有其他衣赐、俸钱等，故宋人也别称知州为“二千石”。所以万石坊因五位别称“二千石”的知州聚居而得名，合称“万石坊”。

明代尚书叶梦熊也世居于此，原万石坊还建有真武庙，供奉北帝。“清道光二十六年（1846 年）坊毁，庙独免”，现为惠州市第三人民医院中山南门诊部。延续了几百年的“官街”盛况，万石坊自 1928 年被以府城旧城砖砌平拓宽路面，至抗日战争第一次沦陷，依然是一条书店、摄影馆、茶楼、药房、典当行等商铺林立的繁华街道。直到 1938 年被日寇的战火焚烧近半条街，元气大伤，从此沦落为寻常巷陌。

万石坊的名字一直被沿用到民国年间，至 1933 年起，为纪念孙中山先生改称中山南路。古城老街的记忆，不应被岁月冲刷淡褪，即便更名，但这个像乳名一样的旧称，如果仍能让人记住、唤起，是不是显得与历史更加亲近了呢？

四牌楼

原址在今桥西中山北路，现已不存

惠州历史悠久，曾有很多座古牌坊。据《惠州府志》记载，仅在明代，惠州城就有牌坊二十多座，在府前横街至十字街的百米之间更是牌坊林立，这里便是四牌楼，因街上竖立的四座表功牌坊而得名。

四牌楼从南往北，第一座为宫保牌楼，为纪念惠州明代著名的三位尚书之一叶梦熊所立。牌楼由石材打造，刻有精美石雕，匾额上刻“太子太保”“工部尚书”，两边柱刻“世袭锦衣”“三边总制”。第二座是车邦佑牌楼，为木牌楼，匾额上刻“四奉敕命”“世受国恩”。车邦佑为明代博罗泰尾（今泰美镇）人，与曾守约、利宾、曾舜

拍摄于抗日战争时期的“宫保牌坊”，现已不存

官保牌坊的石狮子，现已搬至元妙观门口

渔被邑人誉为“惠州晚明四御史”。第三座是李学一牌楼，为石牌楼，匾额上刻“解元进士”。李学一为明末归善人，为人坦诚、正直，官至苑马寺卿，因劳瘁而卒于任上。第四座是杨起元牌楼，匾额上刻“盛世文宗”。杨起元为惠州明代名儒，以理学著，生平著作无数，乡人立牌坊褒扬之。在杨起元牌楼之后还有一个牌楼，匾额上刻“梁化旧邦”“岭东雄郡”，为纪念曾在梁化设过县治、郡治的历史而建。

1933 年，为纪念孙中山，惠州府城的老街道纷纷改名，四牌楼亦被更名为中山北路。而这里的数座牌楼在解放前后相继毁损，如今已难觅踪迹。半个世纪过去了，中山北路两旁早已是现代建筑林立，坍塌后的牌坊连根基也在历史风雨中消失殆尽，无从寻找，“四牌楼”这个名字也只偶尔能从老惠州人口中听到。

表功牌坊

桥西桥子头2号屋旁

在古代，牌坊的建造需上报朝廷，皇帝御批的是最为隆重的表彰。在惠城区桥西桥子头的老巷中，有一座建于明朝嘉靖年间的“敕赠”表功牌坊，为惠州市现存最古老的牌坊，是为表彰明代利锦、利宾父子而立的。四百春秋父子名，功绩流芳千古记。

表功牌坊为四柱三间冲天式石结构建筑，坊高5.7米，宽6.72米，两侧次间下层刻有瑞兽，今浮雕满覆青苔，已无法辨认详细，四根石柱各有抱鼓石，抱鼓石亦覆水泥重修。次间其中一柱仍处于附近民居的围墙之内。牌坊横匾历经四百年风雨侵蚀，字迹模糊，难以一眼辨认，连“敕赠”两字都无处可寻。只依稀可见一面刻“南京江西道监察御史利锦”，背书“贵州布政使司右参议利宾”。

利宾，生卒年不详，字用卿，归善县（今惠城区）人。嘉靖初举人，曾任新化令，升给谏，历贵州、湖广参议，惠州明朝四大御史之一。归善利氏源远流长，其先祖利宣自南宋末年从东莞大沥迁居博罗岑坑，历五代才有裔孙定居惠州府城。据《利氏族谱》，利氏可谓“华胄乔梓世家”，其子弟多有文名卓著者。嘉靖年间，朝廷为了旌表南京江西道监察御史利宾在湖南新化县的良政，赠其父利锦文林郎，封南京江西道监察御史。嘉靖末年，已官居贵州布政使司右参议的利宾乞休归里，上报朝廷为父亲修建一座“敕赠”表功牌坊。

有史书评价利锦“性朴约，取予以义”。利宾从小就耳濡目染，良好的家庭教育熏陶，潜移默化，造就了利宾聪慧、耿直、公正的品行。十二岁时补为邑庠生，嘉靖元年（1522年）举于乡。

利宾为官期间，重文重教，关切民生，不避权贵，刚正不阿，深得皇帝嘉许和百姓的拥戴。他所到之处，“平反明允，狱无冤民”。

嘉靖十一年（1532年），利宾任新化县令。到任不久，便用智谋平定了缠扰元溪长达三十年的猖獗匪患，元溪百姓才得以安宁。

嘉靖十五年（1536年），利宾因平定元溪贼乱有功，朝廷随即“擢刑科给事中”。

位于桥西桥子头2号屋旁的明代“敕赠”表功牌坊，为惠州现存最古老的牌坊

表功牌坊一侧尚存的云纹抱鼓石

利宾离任之时，“士民送者塞途，复建生祠祀之”，郡大夫还立“利侯平寇碑”以记其德，“民世世负载不忘”。

翌年，利宾负责监察南京会试。两年之后，改任南京江西道监察御史。获得皇帝赏识的利宾依然铁面无私，不畏权贵上疏论劾兵、礼、工、吏各部尚书等十九名大小官员。

嘉靖二十六年（1547 年），擢贵州布政使司右参议，在此期间，利宾曾亲自率兵捣毁了思南、铜仁各府，使得“蛮苗不敢犯，顺民赖以安”。

在此三年后，年近花甲的利宾告老还乡，并捐银重修西新桥。利宾卒后，惠州人祭祀其于乡贤祠，并列其为“惠州晚明四御史”之一，使之名垂千古。

历经四百年的岁月风霜，至今仍屹立不倒的“敕赠”石牌坊，承载着四个世纪的孤独与荣耀，见证着利锦、利宾父子名垂青史的丰功伟绩和昭焕古今的人格魅力。

丨鼎臣亭丨

桥西中山北路 66 号大院内

每座古建筑都有自己独特的故事，像一位平和的老者，在时光里守着那年代久远的记忆。坐落在原惠城区政府大院内的鼎臣亭，略显斑驳的外墙散发着历史的沧桑感，让人不禁驻足，细细聆听关于它和一位文学家的那段桧山佳话。

鼎臣亭为二层砖木结构，中西合璧，为惠城区不可移动文物，至今整体仍基本保持完好。其外形独特，不同于普通亭子的立柱撑顶四面通透，而是一座墓碑亭。该亭为六角形，六面围墙，高 9.05 米，分为二层。底层高 4.9 米，内径长 2.7 米。墙体为白色，

五代宋初文学家、书法家徐铉，字鼎臣

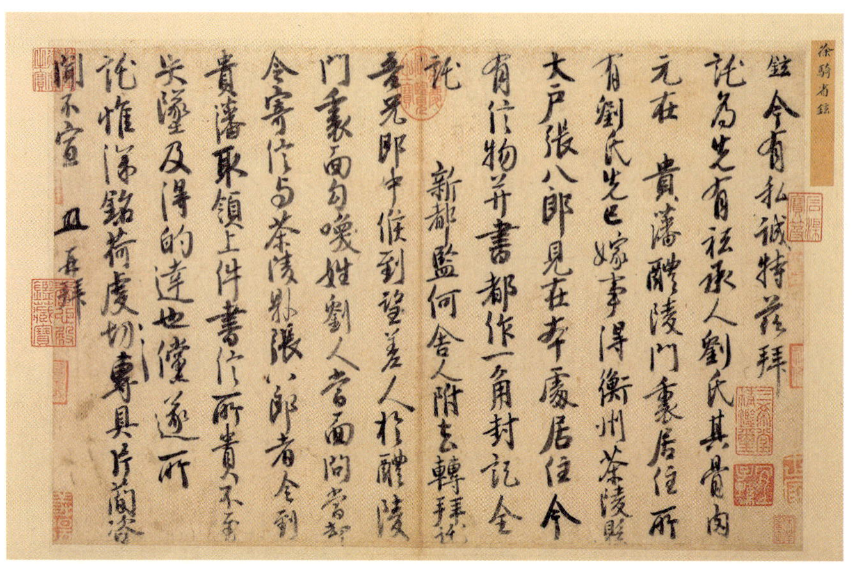

徐铉的行书颇为人称道，代表作《私诚帖》现藏台北“故宫博物院”。全篇结构平稳，但又不失趣味，书风含蓄天然，开宋人尚意的先河

墙柱和基底由青砖砌成，墙面塑拱门型雕饰，一、二层造形相同，各开二窗，二层为一层缩小版建筑，直径较之一层内缩 30 厘米，形成一圈小阳台，层顶外围皆砌瓷瓶围栏，整体造型典雅。

鼎臣亭是梌山（今中山公园一带）徐氏后人为纪念先祖徐铉而建的。徐铉（916—991 年），五代宋初文学家、书法家，字鼎臣，广陵（今江苏扬州）人。早年仕于南唐，官至吏部尚书。后随李煜归宋，官至散骑常侍，世称徐骑省，曾受诏校定修订《说文解字》。淳化二年（991 年）被贬谪为静难行军司马，同年，逝于贬所，享年 75 岁，后归葬于江西南昌。

徐铉一生从未到过惠州，为何遗骨会葬于梌山？据徐氏族谱记载，徐铉卒后，其后人迁往广东，“子孙繁衍，皆家于粤，散处广、惠间”。其孙徐明德在任广南东路防御使期间，为防军事政敌挖其祖先墓地报复，便设法将先人骸骨迁至惠州，安葬在梌山之阳。自后，惠州的历代徐氏子孙将安葬在梌山的徐铉奉为先祖，年年拜谒。

明洪武四年（1371 年），惠州府治所于梌山，铉公墓地被划为府署后园，清末府署被焚废，辟为公园，徐铉灵穴亦复平毁，徐氏后人念“藏灵之穴，先灵犹在”，“恐先垄湮没，文献无征”，于民国十一年（1922 年）及二十三年（1934 年）先后两次上书惠阳县政府，请求于榇山建立墓碑亭以为纪念，终获批许。碑亭于 1934 年动工，“阅六月而亭成”，以铉公字“鼎臣”名之。《惠州西湖志》完整载有徐兆松所著的《鼎臣亭记》，言辞恳切，感人肺腑。建成之时，鼎臣亭内有一鼎臣碑，碑上刻有时任广东岭南大学教授杨寿昌所撰、书法家李鹤年所书的《宋徐鼎臣先生墓碑亭记》，详述了建亭始末。

鼎臣亭历经八十余载的风雨，于市井一隅静静伫立。先贤远去，代远年湮独守望；崇文厚德，榇山东海世泽长。

位于惠城区中山北路原政府大院内的鼎臣亭

桃园

原址位于元妙观之后，现已不存

古人笔下的桃园总是与美好的事物相关，带着一种莫名的情结。如神话中西王母的蟠桃园，《诗经》中用来赞美新娘的“桃之夭夭，灼灼其华”，陶渊明笔下的仙境桃花源。

在惠州西湖边的元妙观后曾有一桃园，“满树如娇烂漫红，万枝丹彩灼春融”。桃花色泽艳丽给人以炙热之感，盛开之时，春意融融。清代进士尹源进在《重修平湖堤》提出“荔浦之风益清，桃园之日愈暖”之句，将荔浦风清与桃园日暖誉为当时西湖之名胜，被纳入当时的惠州西湖八景。

现今桃园久废，其景观如何已无从窥考，但从古人诗作描写中尚可略知一二。元赵孟杰诗云：“好风笑语在人间，吹香已满桃花洞。”民国张友仁感叹：“春风烂漫时，不殊樱花节也。”桃园桃株丛蕞，春日霞明，芳华相映，正所谓“中无杂树，芳草鲜美，落英缤纷。”有桃花溪从中穿流而过，湖边的庙观在桃园一角若隐若现，与桃园、溪流互为点缀。桃园向来是邑人郊游踏青的好去处，清末时仍有不少青年人相约于桃园饮酒行酒令作乐。如此佳园美景，灼灼其华，桃花源不在远方，就在眼前。

至抗战时期，元妙观遭毁，桃园亦渐废，后小溪被填土筑路，桃园上建起民居。“桃园日暖”的仙境彻底消失。

“桃园日暖”已成往事，桃园已为民居取代

拱北桥

桥西江边路与下角东路交会处

“白鹤含书摸仔庙，西湖出水五眼桥。”这首惠州仅存的关于惠州西湖的民间歌谣，说的就是“西湖六桥”中的仅次于西新桥的拱北桥。

拱北桥，位于惠州西湖平湖北面的湖水出口处，取拱卫西湖之意，因桥墩有五孔，俗称五眼桥，始建于北宋治平三年（1066 年）。今拱北桥为砖石结构，长 40 米，宽 8.4 米，高 8.7 米，造型简约古朴。桥体全部使用红砂岩石，桥身有五孔，为半圆形拱券，易于排洪，石拱券为增强抗压力，以石料错综砌筑。桥墩迎水面由花岗岩砌筑成三角形分水尖，分流洪水冲力，保护桥墩。桥上两边为白色护栏，皆凿有圆形排水洞，涂朱漆装饰。两边护栏中段的石板上均刻有“拱北桥”字样。

若说西新桥是因为大文豪苏东坡而声名响亮，那么拱北桥则是因为它饱经九百余年的沧桑，见证了广惠古道的兴衰和时代更迭而被后世所铭记。

据记载，广惠古道从博罗始，沿东江延至小金口白沙堆，经江过湖，最后入惠州城。这是古代博罗至惠州城的陆上通道，隋朝时，时任博罗县令郧文为便民上惠州城，故“始开白沙沿江之路达府治”。拱北桥便是后来这官道上建起的其中一座桥梁。广惠古道是人们往来惠州城内外的唯一陆上通道，千百年间，发挥着无可替代的作用。

拱北桥不仅是惠州千年官道的桥梁，更是西湖泄洪东江的通道。

拱北桥未建之前，“欣乐驿距朝京门皆水道”，西湖与东江直接相连，水位随东江水而涨落，给城里人们生活带来极大不便。于是，时任惠州知州的陈偁为了方便行人和西湖泄水，便在平湖北、朝京门外筑堤截水，叠石为桥，隔东江于外，“植树为径二百丈，石为水门，名称陈公桥，又名拱北桥”。

据《归善县志》记载，陈公桥自建成后，历代均有重建修缮。仅明朝一代，就重修达六次之多。“宣德间知府陈颜增斗门石桥数层，建亭曰迎恩”，到了明代成化年间，知府吴绎思对桥进行重修，“建石桥五门，竖石人四”，便是今日所见的五孔石桥的雏形。

清代文人潘耒有描述拱北桥的诗：“层层堤束水，只放一桥通。不睹排山涨，安知砥柱功？舟移银汉上，人醉锦屏中。不尽观澜意，相将踏卧虹。”而《惠州西湖志》则描绘其“春涨，湖水入江时，滚雪流珠，为湖上风景之一”。拱北桥作为官道桥梁起着最基本的连接作用；作为泄洪通道起着重要的水利作用；作为景观，亦将其观赏性与西湖美景融为一体，不负西湖六桥之一的美誉。

在经历了近千年的时代变迁，今日拱北桥桥体的形制甚至桥所处的位置与初建时已是大相径庭。1959 年，拱北桥被拓宽改为防洪通车两用公路桥，1973 年在旧陂上建成钢筋混凝土结构双曲拱三眼桥，近几年，已不准通车，只供行人通过，但依然担当着为西湖蓄水排洪的重要角色。

拱北桥像一位老者，隐退在交通要道几尺之外，然老当益壮，不坠青云之志，只是换了另外一种方式，继续默默地尽忠职守。“拱北桥”三字描上去的朱漆早已斑驳，但隽秀的字体如同拱北桥一样，仍焕发着奕奕神采。

拱北桥两侧凿有涂朱漆的圆洞，作排水之用

金带街

金带街，余温脉脉

桥西水门路 81 号

有人说，一座城市的老街，是时间装订出的一本线装书，走一步翻一页，每一页都写着光阴的故事。老街，是生活留在居民心中的符号，悲喜交融，每一个符号都饱含了城市的苦难和荣耀。老街，是流淌着城市文明的血脉，每一个角落都余温脉脉。

金带街是惠州古城九街十八巷之一，过去的繁华都锁在这一街一巷中，只是大多数老街古巷都湮没在时代的洪流之中，还好金带街仍在，把过往的车水马龙、人声鼎沸的场景留在青砖石板，留在眼前。

金带街的历史要追溯到明洪武年间，经历了明朝的发展，清代的演变，近代的洗礼后，仍然保留着最初的生活气息，一直作为居民生活点存在。金带街东接水门，西联西湖，宛如绸带游走在城市间，街道旁的屋舍间又延伸出巷道，或深或浅，或宽或窄，纵横交错，每一个小巷都有着自己的故事。金带街北段的叮咚巷，宽不足一米，长不过二百米，两堵几十米的高墙夹道而立，人在巷内行走，鞋底与石板叩出叮咚声响，清脆怡人。对于这个幽深的小巷，居民们的心里藏着一个故事：很久很久以前，巷子地下埋着一个金鼓，行人每走一步，金鼓都会叮咚作响，不然怎会叮咚巷里响叮咚呢！还有催人奋进的标兵巷，一巷更比一巷短的二巷和四巷，被腰斩的高营房（屈头街）……

历史上，金带街聚集了书香门第、名门望族，街道内遍布了书院祠堂、名人故居：为应试子弟而建的宾兴馆，惠州籍举人、教育家陈培基居住的旧宅，乾隆年间修建的陈公祠，张友仁祖居梅花馆，曾作为政府办公楼的廖家祠老屋……这些老宅每一幅斑驳的壁画，每一方精细的雕花，每一柱厚实的房梁，每一堵古朴的墙壁都是历史繁荣的见证，一石一木、一砖一瓦都藏着耐人寻味的秘密。

比如，清道光六年（1826 年），在岁贡黄锡圭倡议下，惠州归善县各乡绅共捐银

金带街叮咚巷，宽不足一米，传说地下有金鼓，走起来叮咚作响

六千余两、银元两千余元，买得塘尾街（即今金带南街）一块地，得惠州知府达林泰和归善县令于学质的支持，历时两年，于道光八年（1828 年）十一月建成三堂四横屋的封闭式四合院——宾兴馆。当时，金带街至塘尾街一带的市井充满着浓郁的文化气息，宾兴馆的附近不仅有学院衙，还有东樵书院、三江书院、文昌宫等文化教育场所。不少到学院衙参加考试的生员，都会选择宾兴馆落脚。

宾兴馆坐北向南，背靠方山，前临池塘，远眺尖峰。至今馆内仍留着两块石碑，分别是《宾兴馆碑记》和《宾兴馆条约》，记载宾兴馆由来以及资助学子的各种规定。1905 年，科举制度被废除，宾兴馆的历史在此画上一个分号。

位于金带街 37 号，建于清乾隆年间的亮毅陈公祠，在陈氏家族的文教发展中同样扮演过重要的角色。与金带街的张家祠、姚家祠、古家祠等一样，陈公祠主要是为本姓子弟参加乡试的时候提供食宿和学习之用。该祠占地 530 平方米，为三进式四合院布局，面阔二间，清水砖墙砌筑，硬山顶，阴阳瓦，主体呈长方形，梁架古朴无华，门前的柱础至今还保存完好，突钮式柱础做石刻、切割等造型，工艺讲究。

今天的金带街旧貌换了新颜，一半古一半新，一半保全一半破败。陈培基故居仍有后人居住，一如往昔；廖家祠老屋早已人去楼空，断壁残垣。原来的老居民大多已经搬迁出去，新来的居民多为外来租客，曾经繁华的府城不知不觉成了被城市遗落的一隅，过去的官员、学士、富贾不经意间被环卫工、个体户、务工者替代，这些来自全国各地的外来者，为生活、为理想扮演老街的新主人，续写着老街的新故事。

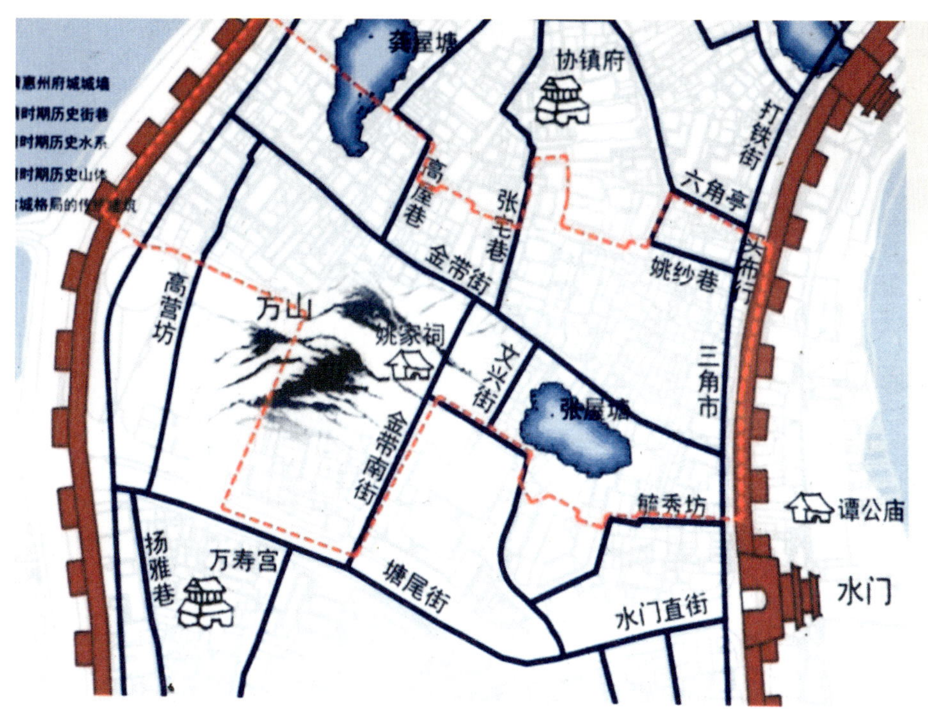

金带街历史格局示意图

金带街，左侧为清代民宅“黄氏祖居”

新修后的陈培基故居，在金带街一众古建筑中非常显眼

陈培基故居

桥西街道金带街 61 号

在金带街众多的明清建筑、名人府邸中，陈培基故居虽不是规模最大的一座，但绝对是最显眼的一座，也是维护得最好的一座，几乎每个路过的人都会被其鲜亮的外观所吸引，忍不住驻足欣赏。

陈培基故居位于金带街 61 号，为三进四合院结构，面积约 400 平方米。外墙贴砖红色现代瓷砖，朱红的趟栊门和两扇大门非常鲜艳，门额上嵌“陈培基故居”五个金属制大字。大门两侧各立约半米高石碑，碑上篆刻故居简介。面向大门的右侧有一柱“光绪十九年癸巳恩科广东乡试中式四十四名举人陈培基立”旗杆夹石。趟栊门轻易就能拉开，进入大门后是一前厅，两边为青砖清水墙，正面为圆拱门，两侧以红砂岩鼓形柱础和圆形柱及六角形柱木质作支撑，穿过圆拱门为大院，院中尚存清中期所建的围墙。二进房屋为两层，有天井，两边为书房，还有后厅及储藏室。古宅里的两个天井院落干净整洁，圆拱门完好，青砖横梁也保存较好，没有风化腐朽，整体尚保留了古朴的风格；不过院落里建有现代楼房，并铺上了瓷砖。

陈培基为惠州河南岸人，出生于清同治五年（1866 年），光绪十九年（1893 年）中举人，曾任福建永春县令、福建同考官。清朝覆灭后，佐周醒南建设厦门，担任陈炯明总绥靖处秘书。东征期间，曾出任惠阳县县长。晚年整理丰湖书院图书，“忘其老也”。老屋是陈培基于清光绪十九年（1893 年）所建，新中国成立后曾被用作银行职工宿舍，最多时住了二十多户，20 世纪 80 年代才全部给回陈家。现故居仍保存陈培基任官画像一幅，从其官服中的补子是“雁”推测，其曾任过四品官。

陈培基画像

鲜为人知的是，现在的陈培基故居亦是惠州明代名儒杨起元的故居原址。杨起元为归善县塔子湖（今属惠州桥东）人，万历五年（1577 年）中进士。曾任南京礼部右侍郎、南京吏部右侍郎摄吏部（礼部）尚书事。万历二十七年（1599 年）因持丧归乡，在惠病逝。后杨家没落，后裔将故居转卖给惠州籍举人陈培基，陈在杨的故址上兴建了三进四合院。

陈培基故居内仍居住着陈家后人

金带街里曾居住过无数名人、读书人，随着岁月变迁，有些人的名字和金带街一起流传下来，而有些人的故事则在街头巷尾的口口相传中消散在岁月的长河中。

余道元故居，药香绕梁

桥西金带街高营房 6 号

从水门路方向进入金带街，在一处小巷的拐角上方看到醒目的“诊所”二字，下面是“余道元故居”的指示牌。沿着窄窄的小巷弯曲而上，便是高营房一带。

路的尽头，我们看到了如今贴着仿古砖墙、修缮一新的民居，门前碑立“余道元故居”，现为余道元后人余繁贺个人中医诊所所在地。

余道元故居与黄氏书室仅一墙之隔，如今只能从屋后还透着古朴气息的老书室的屋檐和瓦当，代入一丝古早的意味。不大的厅里，前来挂号排队就诊的病人坐得满满的，中药特殊的气味弥漫满屋。据资料记载，此屋建于清末民初，深二进，清水砖墙，硬山顶，建筑主体呈方形，面积三百多平方米，于 2013 年重新修缮竣工。在修缮过程中，故居遵循着文物保护单位“修旧如旧”的原则，尽量保持着故居的模样，仍能用的老物件也都保留着。

余道元住过的旧屋和开口亭仍保留着以前的地砖，门前墙上挂着余道元画像：穿着

余道元故居碑

余道元故居内部

藏青色长衫的老先生，面相和善，气色红润。旁边一副木刻对联为余道元生前所题：愧我何须谈富贵，来人未免羡声名。

说到余道元老中医，老惠州人都耳熟能详。余道元，又名余萃鲲。惠州桥西人，生于清光绪二十四年（1898 年），1978 年，他被授予“广东省名老中医”称号，于 1983 年去世，终年 85 岁。余道元少时目睹父亲因庸医治理不当去世后，愤而学习中医。20 世纪 20 年代末，他已挂牌行医；1933 年创设惠阳医学广益社，讲学兼赠医；后并入惠州医院，在中山南门诊部应诊；曾任中山南门诊部副主任、惠州市人大代表、中华医学会副理事长、惠州市科协委员、政协惠州市第三届委员会委员。

余道元不但医术精湛，还热心公益事业，曾先后捐款资助抗美援朝战争，捐资兴建中山纪念堂、东新桥、华侨中学、元妙古观等。在药行坐堂行医，曾多次慷慨解囊，资助贫穷的患者。

余道元行医半个世纪，悬壶济世，不计功名。他守时自律，患者为上，四时有序，仁心无涯。老屋旧影，幸医魂仍在；药香袅袅，愿世代流传。

歌剧《刘胡兰》中，由陈紫作曲的《一道道水来一道道山》是一首真挚感人的经典歌曲

陈宅：掩在深巷的旧时光

桥西街道金带街东出口水门路一巷 5 号

金带街作为惠州历史文化的记忆，坐落着鳞次栉比的清代古宅，如果不是刻意寻找，很难会有人注意到金带街东出口处的小巷深处，有一座保存完好的清代民宅。

古宅外表平平，硬山顶、阴阳瓦、青砖清水墙、大理石门边框、趟栊门，门楼外侧两边建了民居，只余三米多宽的门楼进出。进去之后却是别有洞天，穿过一个天井和一个厅堂，是一个绿意盎然的院落，两层高的清代建筑出现在眼前。这是一个三进四合院，大门开于东南侧，大门西侧前为书房，进为大院，院右为旋厅，再进为三进主体，现左三进保存，右三进在抗日战争时期被炸，后改建为楼房。

古宅为惠州陈宝华所建。陈宝华于清同治年间曾任一品武官，与时任两广总督瑞麟相交甚笃，瑞麟曾为陈宝华题书木刻对联一副："青官苍士左右树，神君仙人高下花"，题额为"虞阶大兄属"，木刻对联现还存于宅内。陈氏家族人才辈出，其中就有中国著名音乐家陈紫。

陈紫原名陈先逸，出生于 1919 年 3 月，自幼随父到北方生活。作为一个充满活力、有血有肉的青年人，在民族存亡之际，积极投身到"一二·九"爱国学生运动以及

陈紫故居尚存的建筑已然破旧

“九一八”救亡运动中。当时大多数同学以及队友撤退到大后方，陈紫仍留在北京继续进行地下抗日活动和组织学习。并且仅凭与挚友冯牧两人之力，穿过军警林立的巷子和胡同，转移收藏队友珍藏的一些革命书籍。

1937 年，陈紫考入北平师范大学音乐系，其间加入“民族解放先锋队”。次年赴冀中游击区，同年考入延安抗日军政大学，1939 年考入延安鲁迅文学艺术院音乐系，成为三期学员，师从冼星海、吕骥。在延安时，陈紫参加了延安文艺整风运动，从此深入生活与民族民间音乐学习成为他几十年创作生涯中始终坚持的两件大事。1940 年毕业后，陈紫留在鲁迅艺术学院从事研究工作。抗日战争胜利以后，历任东北鲁艺音乐系教员、鲁艺文工团三团团委、东北鲁艺歌剧团团委兼音乐系作曲教员。解放后曾任中国歌舞剧院党委书记兼院长。其间创作了许多人们耳熟能详的经典作曲，像大合唱《铁树开花》，舞剧《和平鸽》，电影音乐《上海姑娘》，歌剧《白毛女》（改写本）、《春雷》等，其中歌剧《刘胡兰》的选曲《一道道水来一道道山》等歌曲流传甚广。

如今，随着《刘胡兰》等歌剧的复排，由陈紫所作的歌曲又再次回响在大舞台上，而那掩在小巷深处的古宅已鲜少有人记起。与许多被后人抛弃、逐渐毁圮的老宅相比，陈氏祖居已经算是幸运。那雨后春笋般耸起的楼房将老宅层层包围，老屋是否也会与一段旧时光一起随着岁月的流失而逐渐淡出人们的视野？

陈氏祖居正门

北门直街

桥西环城西路康帝酒店旁

千年府治所在地

作为府治所在地的北门直街历史文化街区，位于惠城区桥西片区北部、东江南岸，西起北门直街二巷，东至滨江西路，南起中山公园，北达康帝国际酒店南侧。面积约 5.1 公顷，现存历史街巷八条，总长约 848 米。整条街区以北门直街为主轴、其他街巷为辅线，呈鱼骨状，脉络清晰，传统格局完整。

北门直街拥有成片集中的传统民居和多处文物古迹，包括明代城墙、中山纪念堂、仲恺纪念碑、天下为公牌坊、望野亭、东征遗址、桥子头明代牌坊、文笔塔、鼎臣亭、梌山书院旧址等，集中了梌山之北的众多历史建筑和遗址，尽显其在惠州历史版图中的独特地位。

北门直街的历史可追溯至隋朝。隋开皇十一年（591 年），朝廷在梌山设立循州总管府（位于今中山公园），此后，历朝历代府衙多设于此。南汉时期，

历史上北门直街是寻常百姓家，但也不乏名门望族。如今栖身热闹都市一角，以其厚重古韵和市井风情，镶嵌在惠州城市化的进程中

梌山的府城城墙开始修筑，至宋代，城墙已日趋完善，北门直街成为府城主要街道。明洪武二十二年（1389 年），惠州府城扩大规模，改北门为朝京门，北门直街直通朝京门，沿北门直街、府背巷（今公园后街）两侧发展为传统居住区。

北门直街在明清时期还没有具体名字，到了民国，因和北门大街地理位置紧密联系，街坊们习惯性把二者归类到一起，称为“北门街”。据《惠州桥西志》记载，北门直街为南北走向，南为北门大楼，全长 300 米，宽 4 米。北门直街以前中间铺三条大理石块，两旁铺砖，1983 年改铺为水泥路面；1968 年曾改名为解放街，1982 年恢复旧名。

北门直街的文化价值在于其具有历史久远性、风貌完整性和生活延续性，不仅是千年府治所在地，历来更是百姓的聚居地。

现还有成片集中的清末传统民居，传统风貌浓郁，本地居民生活也较好地传承了老惠州的生活习性。街区整体上具有鲜明的时代特征，又融合得浑然天成。除了随处可见的古民居姓氏堂联，昭示着这个片区聚族而居的现象，在北门直街一处清道光十九年（1839 年）的“北门直街捐题铺砌街石芳名录”的石碑上，记录了近百街坊捐钱铺砌街石的美好公德，其中捐献者的姓氏达数十个，这也反映出当时北门直街多姓杂居的和谐局面，可见惠州对五湖四海人群的包容品格，自古有之。

晨起，穿过“天下为公”牌坊，入中山公园，中山纪念堂前动作不一却兴致盎然的晨练人群，或打羽毛球，或跳广场舞，一片惬意。不远处城墙之上的望野亭前，孩童在追逐嬉戏，耍拳打太极的人各显其能，甚至有外国友人也在专心致志挥剑练习。走出中山公园，北门直街上人来人往，穿梭于瓜果蔬菜、日用百货鳞次栉比的档口，听街坊们讲着日常琐事，市井气息浓厚。当然，也能在某处转角抬头看到古民居屋檐下精美古朴的壁画在招引你来一场时光之旅。华灯初上的小巷中，传承着东江菜的百龄苗屋的厨房里，锅碗瓢盆奏响晚餐交响乐，向没有预订以致无法用餐的食客们聊表歉意。

这条位于梌山之北与惠州古城共生共荣的繁华老街，像一壶泡了几道的茶，虽不浓郁，却余韵犹香。

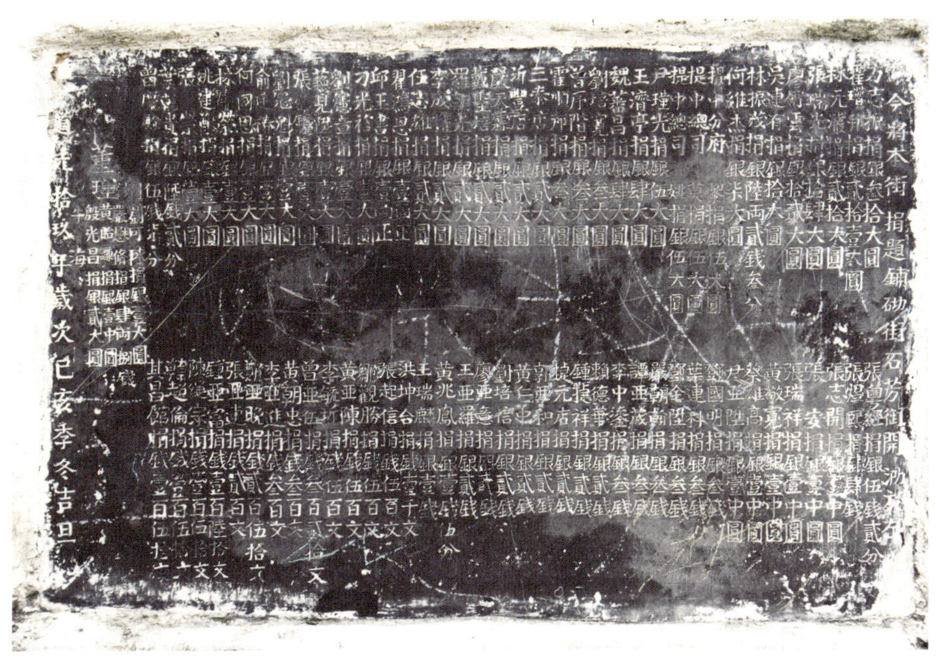

清道光十九年（1839 年）的“北门直街捐题铺砌街石芳名录”石碑

千年府治所在地北门直街，历史可追溯至隋朝

乌记苗屋的前世今生

桥西北门大街 25、28 号

惠城区北门直街历史悠久，平常小巷里也深藏乾坤。与北门直街相接的北门大街，其中 25 号和 28 号明清建筑风格的苗家古屋，从门联上的“春浓北郭，派衍东阳”和檐前灯笼上的“都司门第”可以看出，此家族不同凡响。

28 号苗屋为清代驻兵惠州的左营游击（三品武官）苗之英置地兴建，俗称“老苗屋”，25 号苗屋原为清朝驻兵抽取的作为“中营守备署”的明末民居，后清朝灭亡，苗之英第六代孙从政府拍卖中购置过来作为宅院，俗称“新苗屋”。“中营守备署”是惠州现保存较完好的仅有的军事机构。

25 号苗屋现为苗府乌记饭店，据苗家后人所说，籍贯陕西的祖先苗之英从驻守北国到迁居江苏无锡剪刀巷，再到后来因清朝的驻兵而举家南迁到棯山“派衍”定居。门前的对联，记载了苗屋先祖从长安到江浙，再到惠州的百年迁徙史。文字里数百年不变的

北门大街 25 号苗屋

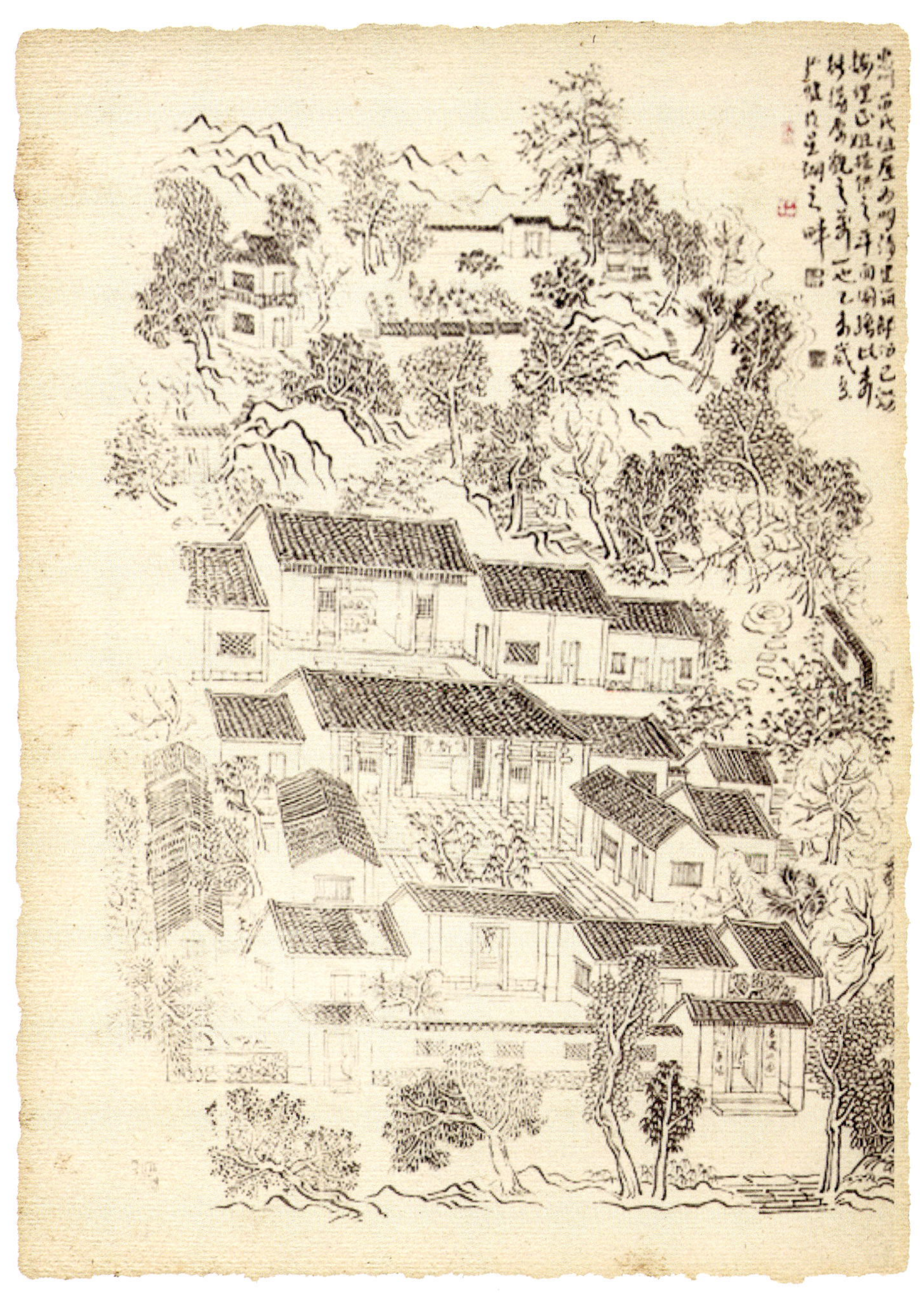

清代苗屋全景图

宗族血脉，提醒后裔勿忘家族历史。

“乌记”一名源于饭店创始人的小名“乌仔”，透着随性的生活气息。而从饭店的门面装修设计，“乌记”“苗府”的视觉符号，却让人感受到浓厚的古典气质。进入院子，前面左侧为厨房，进而是大厅，厅中摆着几张桌子，食客人满为患，虽多处可见是重新修建的房子，然而厅里靠墙一侧摆放的旧式家具、挂着“慎新堂”匾额的屏门，以及古朴的供奉祖先的后堂，都彰显着这间老屋厚重的历史。

墙上“苗宅祖屋记事录”和一幅古屋芳容的挂画，为后人描绘着苗屋曾经的辉煌。四合院式的大宅，四厅四井，亭台楼阁，厢房成片；后山花园宜园里奇花异草，争妍斗丽；“箭道”上果蔬成园，古木苍天；登高放眼西湖，湖光山色美不胜收。如今，青砖红岩、风景如画的宜园和雕梁画栋的门楼屋宅早在“文革”中损毁。自20世纪60年代以来，苗屋的土地不断受到征用，至今保存下来的仅有原貌的四分之一。幸存下来的上厅、下厅和部分主体架构，在苗家后代现居的留守者手中，活化成专营东江菜系的特色餐馆，传承着惠州味道。

三个多世纪，苗家一门英才辈出。康熙年间驻守惠州的左营游击苗之英，乾隆年间战殁台湾的赏戴蓝翎加千总衔的苗承霖，咸丰年间左营守备平营都司的苗雨青，抗日战争时期的少校副团级人员，解放战争时期的中共党委书记，抗美援朝时期荣获战功的战士，到当代，苗家诞生了数代教书人，于1989年被评为“全国首届优秀教育世家”，且在数学教育领域尤为出众，至今仍是老惠州人口中盛传的“苗家算”。

由习武到从文，从清朝到近代，苗家子孙叱咤沙场立功无数；到现代，苗家四代约四十人投身教育屡获殊荣。由从戎沙场都司门第，到教育世家桃李满园，名门望族的显赫已归描画中，春风化雨的默默奉献在锅碗瓢盆里成为百姓日常，文武兼修皆收苗府门下，三百多年的老屋仍续写这一脉相传的荣耀。

归善故地

GUI SHAN GU DI

归善故城今何在

对惠州的年轻人来说，能说清楚“府城”与“县城”区别的恐怕不多。府城是过去惠州府的治所，位置相当于今天中山公园到金带街的老城区；县城则是旧时归善县治之所在，位置是今天惠阳高级中学初中部周围的老城区。老一辈的桥东居民要去桥西，还会说要去府城。

桥东桥西，县城府城，道出了惠州古城的历史变迁。有城的地方就有城墙，可如今的惠州市区，只有滨江西路一段数百米的明清城墙得以幸存。而归善县城就没有那么幸运了，在桥东老城区中，老城墙片砖难觅，只有和平直街出滨江路口的北城门旧址，成了归善县城这座烽火之城的见证者。

据明嘉靖《惠州府志》记载，归善旧县署设在府城河南 150 里。南朝陈后主祯明二年（588 年），归善县城迁至白鹤峰下。在明代之前，归善县城并无城池。无城可守的归善县，在元末农民战争中受到极大威胁，县治遂迁入有城墙保护的府城之内。在明朝立国之后的二百年间，归善县衙一直建于郡城（即惠州府城，今桥西）谯楼左侧。府衙

绘制于明崇祯四年（1631 年）的《惠景全图》，可见东新桥和归善县城

1933 年的归善县城北门——娱江门（影像源自今日惠州网）

与县衙共处一城，这就是古代惠州府城与归善县城“一城两治”的状况。

明嘉靖四十四年（1565 年），庠生刘确和乡民黎俸等请建东平民城，以防寇患，经过十年的努力，到了明万历三年（1575 年），林民止莅任归善知县，考虑到“一城两治”不利归善发展，决定将县治迁回水东（今桥东）。他采纳堪舆家的建议，将县署设在白鹤峰旁边。县城城墙筑成，民城变成了官城，以水东街沟通惠州府城、归善县城的双城格局正式形成，两城以浮桥相通，隔江相望。新修的归善县城城墙周长千丈，高一丈六。绘制于明崇祯四年（1631 年）的《惠景全图》，完整展示了惠州古代“一街挑两城”的独特格局：城开四门，东为辅阳门，在今惠新街东端；南为龙兴门，在今惠新南路和永平路交界处；西为通海门，在今惠新西街西端；北为娱江门，在今和平直街出滨江路口处。除四门之外，又另开设小东门和水门仔两个便门。城墙包裹的归善县城形似乌龟，在东江与西枝江的环绕中，被东新浮桥牵引，西向惠州府城游去。

明末清初，归善城墙得到历任官府的重修，仅清朝就曾有过八次大规模的修葺，最

清光绪年间的归善县衙署旧影

民国《广东名胜史迹》中20世纪20年代惠阳（归善）县城，娱江门上眺东江，此景只待成追忆

后一次修筑城墙是在清咸丰五年（1855 年），当时城墙“西与府城对峙，中隔一水，通以浮桥”。在这之后，县城城墙开始走向没落，城垣多次受洪水浸袭而崩破多处，但官府再也没有修建。辛亥革命后，民国鼎新，归善县更名“惠阳”，而作为古代城市最显著特征的城墙与城门，也难逃被拆除的命运。1925 年东征胜利之后，惠州府城城墙被基本拆除。1935 年为了便于惠平公路通车，县城南门被拆。1939 年刘秉纲任惠阳县长时，成立“拆城委员会”，将县城城墙大部分拆除，取砖建“声华戏院”（原东江电影院），大部分砖则被运回其家乡水口青边建屋。县城城墙基本拆平后，仅仅保留了几个城门，而有的段落则被改筑道路，如现在的永平路。

而彻底将古城从地图上抹去的，是连年不断的战火。1938 年、1941 年，日军两次入侵惠州，烧毁水东街大量店铺，对桥东老城区造成严重破坏，尤其是与归善城墙相连的白鹤峰东坡祠，在日军的轰炸中坍塌。新中国成立之后，在城市建设的过程中，桥东老城的样貌渐渐模糊，支离破碎的归善县城城墙，最终消失在人们的视野中。站在归善北城门旧址，面对仅存的这堵故城城墙，慨叹筑于寇患的归善古城，终因战争硝烟和现代化的尘嚣而湮灭。四百年的沧桑巨变，归善县署故址也早已灰飞烟灭，无迹可寻。

随着惠阳地区的撤销，惠州县级市升格为地级市，昔日惠阳县的水口、桥东、陈江、三栋等镇与惠州县级市合并成立惠城区，惠阳县城也由桥东迁到了淡水。桥东如今虽说属了惠城，但还是遗留了不少旧时的名号，比如“惠阳高级中学”，还有“归善学宫”。

丨白鹤峰丨

桥东花园前街

江逢辰有诗曰：一自东坡谪南海，天下不敢小惠州。苏东坡寓惠，给惠州留下了浓厚的人文气息，而其在惠州购地卜筑居所的白鹤峰，更是成了一处令人神往的人文地标。

只是坡公寓惠处，白鹤今安在？在 20 世纪 30 年代摄存的老照片里，白鹤峰的山门现已不复存在，唯剩一段明清时期重修的古阶步道和一口隐匿于工地铁皮房里让人寻觅良久的东坡井。

据《惠州西湖志》记载，白鹤峰位于归善县（今惠城桥东）东江之畔，“高五丈，周一里”，现于铁炉湖街东北侧，桥东花园前街一带。白鹤峰东坡祠，是国内唯一可以考证的苏东坡亲自筹建的故居。

宋绍圣元年（1094 年），苏东坡谪惠后居合江楼，不久迁于嘉祐寺，在合江楼和嘉祐寺之间又往返搬迁两次。“前年家水东，去年家水西”的居无定所最终促成了北归无望的苏东坡在白鹤峰上构筑一个安居之地以作终老之所。

原白鹤峰东坡故居“德有邻堂”石刻，现存于西湖孤山东坡纪念馆内

绍圣三年（1096年），苏东坡于古白鹤观旧基之上“买得数亩地，作屋三十许间”（《答毛泽民书》），建有厅堂曰德有邻，书斋曰思无邪，还有朱池墨沼作清洗毛笔墨砚之用。

迁居白鹤峰之后，由于地高水远，苏东坡雇人凿井四十尺乃得泉，作诗“晨瓶得雪乳，暮瓮停冰湍”记之，世称“东坡井”。这是东坡祠遗址上除了原来山

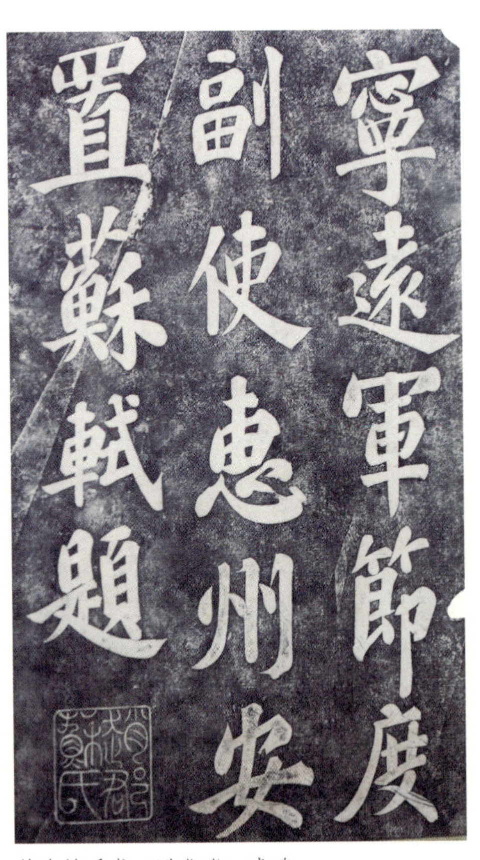

苏东坡手书“默化堂”残碑

东坡祠修复工程规划图

门前的古阶步道之外唯一的宋代遗存。古井井口宽 0.6 米，深 14.5 米，由青砖砌成，原有清乾隆十五年（1750 年）名士关槐题“冰湍”石刻立于井栏之上，石刻早已损毁过半，现只剩“湍”字。

在白鹤峰居住不到一年，绍圣四年（1097 年）四月，苏东坡又再次遭贬至海南儋州。在其与家人先后离开惠州后，惠州人将东坡故居改为东坡祠。至清代乾隆年间，归善知县冯履谦修筑东坡亭以作纪念，现存的东坡亭为 1960 年重建。

古时惠州府和归善县的重要官员到任后必须拜谒东坡祠，这种不成文的规定，显示出了后人对大文豪苏东坡人格魅力的敬仰和尊崇。东坡祠历代修缮达三十多次，直至抗日战争期间毁于日军的炮火之中。故祠废已久，白鹤不复归。此后，东坡祠遗址先后成为约瑟医院、白云医院和惠州卫生学校所在地。2015 年，白鹤峰东坡故居重修工程全面开启。

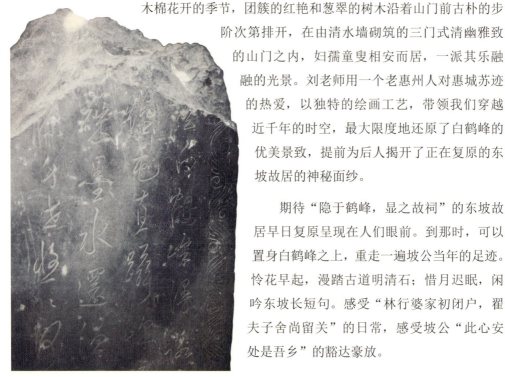

在惠州彩瓷传承人刘汉新老师《归善县白鹤峰》的画作里，可以看到在木棉花开的季节，团簇的红艳和葱翠的树木沿着山门前古朴的步阶次第排开，在由清水墙砌筑的三门式清幽雅致的山门之内，妇孺童叟相安而居，一派其乐融融的光景。刘老师用一个老惠州人对惠城苏迹的热爱，以独特的绘画工艺，带领我们穿越近千年的时空，最大限度地还原了白鹤峰的优美景致，提前为人揭开了正在复原的东坡故居的神秘面纱。

期待“隐于鹤峰，显之故祠”的东坡故居早日复原呈现在人们眼前。到那时，可以置身白鹤峰之上，重走一遍坡公当年的足迹。怜花早起，漫踏古道明清石；惜月迟眠，闲吟东坡长短句。感受“林行婆家初闭户，翟夫子舍尚留关”的日常，感受坡公“此心安处是吾乡”的豁达豪放。

明陈瑾书东坡祠诗残碑

东坡路，这是随处可见的东坡印记之一

修复中的东坡井，是东坡故居遗址上唯一保留的宋代遗存

清代名士关槐为东坡井题刻“冰湍”二字，现存残碑

南宋惠州画家何充笔下的苏东坡浓眉大眼长髯飘拂（清康熙《惠州西湖志》）

嘉祐寺

桥东学背街 119 号东坡小学内

桥东学背街119号东坡小学，是嘉祐寺的故址。如今仅存重修的东坡雕像以及东坡屋、松风亭。

北宋绍圣元年（1094 年），东坡谪惠初寓合江楼，只住了十六日便迁居白鹤峰下的嘉祐寺。苏东坡曾两次居住在嘉祐寺，前后一共一年又两个多月。寺后有松风亭，据宋王象之《舆地纪胜》卷九十九载：“松风亭，在旧嘉祐寺后山巅，始名峻峰，植松二十余株，清风徐来，因谓松风亭。”

苏东坡入住嘉祐寺时，寺院已破败萧条，与后来白鹤峰的“水东幽宅”相比，称为陋室毫不为过。其子苏过在《送昙秀》中说道：“来时野寺无鱼鼓，去后闲门有雀罗。”《松风亭辞》中“夫何异于圄囹”，更道出松风亭的居住环境之差。东坡后来也有诗曰：“暮雨侵重腿”，“夜枕闻鸺鹠”，正是环境潮湿以致脚肿，夜里猫头鹰的叫声不绝于耳，难以入眠。然东坡在《记游松风亭》一文中，寄寓着身世感慨，作为逐臣迁客，却展现出常人难有的急流勇退和随遇而安的人生态度。松风亭前松风起，雾霭散尽心清明。

明初，嘉祐寺并入永福寺。清顺治十四年（1657 年），知县侯世爵及郡人姚子庄、

东坡小学是嘉祐寺旧址，曾为苏东坡惠州寓所

刘朝柱等，买地筑室重修。康熙年间塌毁后，改建于河南岸，嘉庆年间重修。后圮，为县城城隍庙。直至民国末期，城隍庙改作学校。1984 年改东坡小学至今。

清殷师尹在《重修南岸嘉祐寺记》里，表达了惠州人对坡公的崇敬之情。嘉祐寺作为惠州苏迹之一，时至今日，仍是人们心中念故不忘的文化遗存。如今的东坡小学内，六角琉璃瓦的松风亭下，坡公在寓居嘉祐寺期间写下的咏梅诗和他那些脍炙人口的经典诗词，皆刻于石壁之上，为后世所传诵。古寺不存，松涛不再，唯剩松风亭前手持书卷的东坡像，在校园的琅琅书声中，平静地品味着时光浸润的诗意。

桥东学背街 119 号东坡小学

东坡小学内的东坡屋

东坡小学内东坡像及松风亭

东平窑

桥东东平窑头村

唐代陆龟蒙《秘色越器》诗："九秋风露越窑开，夺得千峰翠色来。"今天的"陶瓷"，在汉代的《说文解字》中只见"陶"而未见"瓷"字。越窑的秘色釉问世后，瓷器才逐渐出现，这不仅丰富了中国汉字，更由此成为中国举世公认的名片。

让瓷器发展到与国家同名的高度，中国大大小小的官窑民窑功不可没。惠州东平窑始建于北宋，与广州西村窑、潮州笔架山窑并称为北宋广东三大民窑。东平窑址位于桥东东平窑头村，这座距今近千年的窑场，在经历了一百六十余年的风雨兴衰后熄火停工，长眠于黄土之下数百年后，于1976年破土而出。

东平窑以东平窑头村为中心，总占地面积约有4平方公里。包括瓷土采挖区、作坊区、晾晒区、堆放区和龙窑一座。

东平窑生产的产品品种非常丰富，有碗、盆、杯、罐、瓶等，以实用瓷为主。其中青白釉碗、杯、壶，青釉浮雕莲瓣纹炉，酱釉碗、杯等都是此窑有代表性的产品。

东平窑址门楼，东平窑为北宋广东三大民窑之一

东平窑烧造的瓷器，制作技术和工艺水平相当高超，为转轮手工拉坯成形，为单件匣砵叠烧。各种瓷器的纹饰复杂精致，主要有印花、刻花、雕塑、镂孔等。图案结构按不同器形、位置来布局，富于变化。互相呼应，俯仰有致，加上釉色相衬，十分雅洁，刻画线条匀称，手法娴熟，一气呵成，展示了北宋制瓷艺人的高超技艺。

胎薄、釉匀、造型精巧是惠州东平窑成熟青瓷的一大亮点。早期的刻花碗为敞口，器型较大，口沿薄、碗腹深，内壁无纹，外壁刻扇骨纹、花草纹；圈足无釉、足墙较薄较高；胎土灰白，精细坚硬，敲之有金属声；施以薄釉，釉色清澈透亮，青翠中略微显黄。到晚期出现的小碗，内外均施厚釉，无纹饰。圈足矮浅、足墙变厚，胎土变黄，比较粗松，胎壁也变厚。

经历了繁盛时期的东平窑，其瓷器曾远销至东南亚。但从早期和后期的瓷器对比，可以看出从造型、质量呈明显的变化。东平窑是一个就地取土的家族式窑场，由于当时自然资源的限制，瓷土到后期已采挖竭尽，加上当时社会生产条件、制作成本的限制等原因，东平窑最终停烧。

惠州出土的古代窑址主要有：东平北宋窑址、瓦窑岭唐代窑址、梅花墩窑址和银岗窑址。即便已经在时间长河里被淹没，但在这四者中脱颖而出的东平窑址，仍是惠州制瓷史上的一个辉煌的印记，那翠润如玉的釉色，精美绝伦的刻花，以及那高超的制瓷工艺，在中国民间陶瓷史上留下了浓重的一笔。

而今，值得庆幸欣慰的是，在东平窑址之上，一座东平窑研究创作基地从江西景德镇远迁而来，传承陶瓷艺术的匠人精神，时隔近千年后又星火重燃。

东平窑出土的陶罐

惠州博物馆陈列的东平窑场复原场景

东平窑艺术研究基地

东平窑出土的瓷器

| 水东街：一街挑两城 |

桥东水东东路

在惠州东江与西枝江的交汇处，江面开阔，东新桥横跨大江两岸，而连接东新桥东侧的正是惠州当年的“旺地”——水东街。

惠州历史上有“一街挑两城”的城市格局，其中“两城”指惠州府城和归善县城，而“一街”指的就是水东街。水东街始建于北宋元丰年间（1078—1085年），全长730米，宽14至18米，东连惠新西街，直通归善县衙；西接东新桥，与旧时惠州府城隔江相望。以水东东路为主轴，向南北延伸出众多街道，形成典型的鱼骨状街巷空间格局，现存传统街巷十条，临街为中西合璧的骑楼建筑。

东新桥位于东江与西枝江交汇处，旁边是惠州历史上最大、商业最繁忙的航运码头。而水东街得益于天然的地理优势，在清末民初，几乎聚集了惠州所有的工商业，因此被称为“旺地”。1928年，水东街改造，骑楼群初成规模，吸引了各色往来的商旅，客栈、商店、银楼、作坊、药店等纷纷落户水东街，一时水东街车水马龙，人头攒动，货物琳琅满目，商铺通宵达旦，兴盛时商号多达上百家。

至抗日战争初期，日军侵袭惠州，一把火烧掉水东街二百余间骑楼店铺，大半条街被毁。1941年水东街再次遭日军破坏，从此水东街就大不如前了。直到抗日战争胜利后，惠州各商号相继复业，水东街才逐渐恢复了往日的繁华。

行走在水东街上，首先映入眼帘的是两排崭新的仿古建筑，墙体为灰白相间，房屋亦整齐一致，虽有几分岭南风格，却比传统的骑楼少了些韵味。街道两旁的店铺尚未外租，百米长的街道上少有人气。与东新桥头衔接处，立约五米高的方形尖顶石柱，四面均刻有“水东街”三字。再往前行，两侧是拆迁后的民居废墟，废墟之后终于得见具有中西合璧风格的骑楼群，短短七百多米的街道呈现出一街三貌的形象。整齐划一、鳞次栉比的骑楼群仿佛在向世人昭示这里当年的繁华；一楼一顶的临街骑楼构造、西式风格的屋顶壁面，都在告诉人们这里曾是商业中心区。如今，经过几十年的风雨沧桑，临街的骑

19 世纪末的归善县浮桥，从府城隔江望县城，可见水东街一带的建筑

水东街上中西合璧的旧骑楼

航拍水东街全景

楼已多有破旧，老化严重。支撑骑楼的粗大柱子很多已经开裂，外墙的缝隙长出各种植物与剥落的墙体相映，竟生出一种难以言喻的沧桑感。骑楼多为两层，临街的两边形成两条长廊，楼上住人，楼下为人行道，当时人们对水东街有着“雨天行人不忧雨”的说法，只是现今走廊大多堆了杂物，或是在后续的修建中筑起了墙体，当年“行人不忧雨”的便利已难实现。

时过境迁，以水东街形成“一街挑两城”的古城格局仍保持着旧时的街巷肌理，同时也为惠州留下了文脉丰富的历史遗存。传统骑楼商业区仍延续着其商贸功能，只是古时的金铺、布行、烟馆、商号都已烟消云散，独剩一些鲜花香烛店、生活用品店、五金店、药铺还在顽强抗争着。水东街两江合抱，因水而发展，见证了惠州古代、近代工商业兴起和多元文化交融；骑楼虽已破旧，却形象记录了惠州从一个古老的城镇发展为繁华都市的故事。

抗日战争时期的惠州水东西路

《东江时报》摄影记者周楠镜头里的水东街

| 铁炉湖街 |

铁炉湖街，明清古韵融市井

铁炉湖历史文化街区位于惠州桥东，是桥东最值得保护的古建筑群。铁炉湖明清古街东接原归善县衙（今惠州桥东），西及白鹤峰苏东坡故居，南起铁炉湖，北至滨江东路，总用地面积约 2.2 公顷。现存 50 米以上的传统街巷五条，总长 700 米，是以铁炉湖、和平直街及和平横街为主，铁炉湖一巷和铁炉湖二巷等其他街巷为辅的传统街区格局。

铁炉湖明清古街区保存着丰富的历史遗存，包括一处市级文物保护单位——明清古街，两处不可移动文物——铁炉湖裘屋、小北门，还有十处历史建筑。

铁炉湖街始建于南宋，为原归善县城重要组成部分。南宋绍兴年间，任礼部尚书郎

铁炉湖街民居屋檐上花式繁复讲究的瓦当和滴水

兼资政堂赞读的陈鹏飞，因忤逆奸相秦桧被贬逐惠州舍人巷（今桥西都市巷），又遭当地官员逼迁至铁炉湖畔聚族而居，其后代在铁炉湖等地繁衍传承。明万历六年（1578 年），陈鹏飞后代因督造城墙有功，获赏铁炉湖，陈氏利用筑城余砖剩石，修筑铁炉湖堤岸与路面，形成现存的街巷格局。

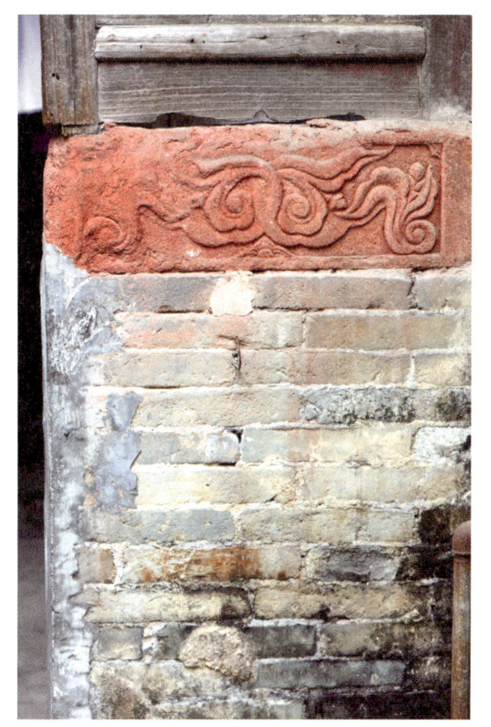
铁炉湖街民居内精美的红砂岩石雕

相传，铁炉湖原是一个由大小两处集水洼地连成的水塘，水塘中间架有一桥，整个水塘形似葫芦。后来，逐水而居的人们在附近建起了打铁坊，淬火用水皆取于此塘。经年累月，这个“供打铁用水的葫芦”便被人们简称为“铁葫芦”。陈鹏飞谪惠后，因讳“葫芦”与“俘虏”谐音，将其改称“铁炉湖”。自此，“铁炉湖”名称沿用至今。

铁炉湖街住户大多为陈鹏飞的后裔，明清传统民居成片，整体风格协调统一，虽有不同程度的损毁，但还算保存完好，其中裘屋和陈宅历经数百年的沧桑，依然彰显着豪门世家的气韵。在铁炉湖街东北侧的白鹤峰，是国内唯一经史料考证的东坡故居遗址，虽推翻重建，原址尚存古道和古井，是东坡当年寓惠时所留印记的最好见证。

如今的铁炉湖街，带着悠悠古韵，成为桥东市场的一部分，和谐地融入熙熙攘攘的市集，演绎着另类的繁华。偶入眼帘的古民居，让人恍如穿越时空，行走在惠州版的清明上河图中。摊档之间，小贩街坊说说笑笑，彼此熟识的信任，溢于言表。

古老的街区，如同这个城市的脉搏，让人感知它的活力和状态。而铁炉湖，则是律动舒缓，恬静悠然。铁炉湖街的历史文化底蕴，不仅从它名字的逸闻里可以读到，更是渗透到每一处屋檐墙角，散发着知足常乐的气息，在现代市井的喧闹中，固守着古朴安逸的情怀。

裘屋，铁炉湖上的明珠

铁炉湖街 11 号陈宅旁边

家宅建筑讲究整体构造的统一，追求规规矩矩的对称美，然而位于惠城区桥东铁炉湖街上的明清古宅裘屋，则以自出心裁的设计独树一帜。

裘屋是惠州裘氏始祖时顺公在清顺治年间从江西建昌府新城县移寓归善县城后所建。裘屋的名人有六世祖裘粲及清末惠州著名雕刻家裘集裳。六世祖裘粲是“倡捐千金”修城墙、热心公益事业的惠州名贤。生于 1876 年的裘集裳是清末惠州著名雕刻家，自幼酷爱书画，青年时曾师从惠州著名画家李星阁。又精通丝竹，曾精制 24 支洞箫，各以四季花卉命名，其吹奏的箫音悠扬动人，被世人誉为“鹤峰箫客”。

现为市级文物保护单位的裘屋，在当地曾是赫赫有名的望族豪宅。在战争的烽火中虽没有被严重破坏，但在时间长河的洗刷下已渐破败，政府正在全面按原貌复原修缮。

裘屋整体建筑坐东北朝西南，砖木结构，硬山顶，阴阳瓦，青砖墙体。始建于清顺治年间，平面呈长方形，占地面积 720 平方米。为阔三间，深三进，带左右横屋的四合

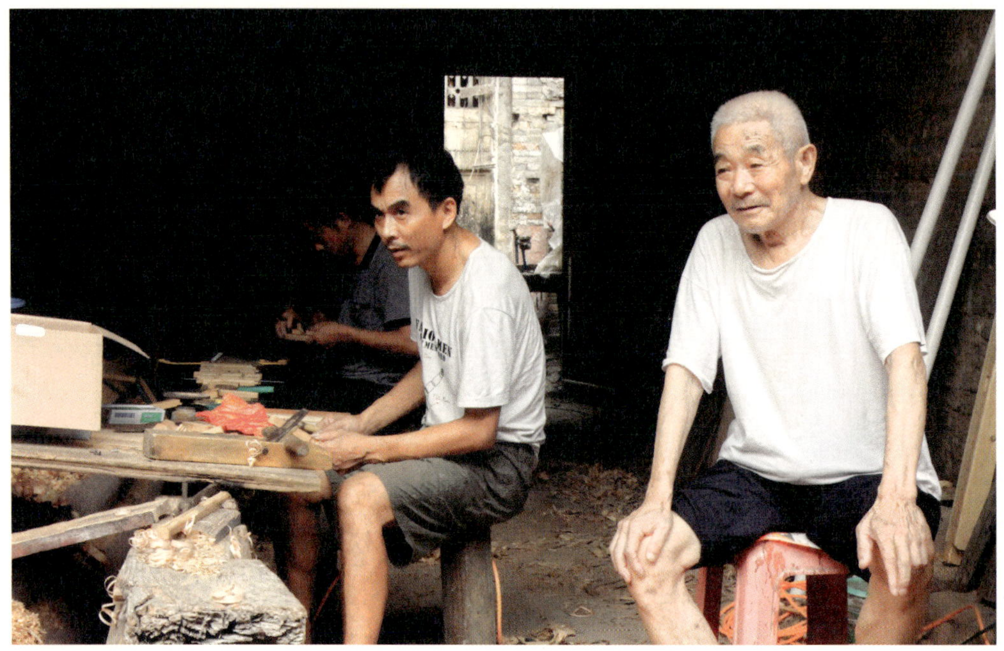

正在进行修复工作的木匠师傅

式院落布局。据资料记载，前院置有门楼，门楼设屏门，前堂左右设耳房，中堂设花罩，正中设神龛，左右有厢房。各堂之间有天井，各进之间以廊房连接。

走访裘屋，院内较为狼藉，被拆卸下来的砖瓦、木构件堆积一地，工匠师傅说，这些到时都要重新装砌回去。正在做木雕的师傅，是江西来的，而裘屋始祖也是从江西南昌迁徙而来，虽说可能只是巧合，然而同地同根的延续，经隔三百多年后，仍让人感慨万千。

中堂阁楼上的花罩式雕窗，保存依然完好，在中堂地面上还看到一块立向木匾，上面阳刻“太常寺傅”字样，“傅”字有所缺损。在修复中的门板木雕，图案精美，古朴精致，岁月的痕迹依然湮灭不了曾经的气派。

裘屋里的木雕、浮雕、砖雕，都精美绝伦。连廊门楼的拱券上，饰有精美的浮雕造型，且无一相同。飞檐上挑出的工艺不算繁复，却也充满层次感，金黄色的瓦当上刻着“金玉满堂”的字样，与爬满青苔的青砖墙相互辉映，沧桑尽显而华丽不失。

多面墙上的砖雕花窗，上刻花卉、铜钱、如意、蝙蝠、喜字、回文等寓意财福祥瑞的图案，工艺独特，花样繁多，组合不一，大小不同，交互用于建筑中，

裘屋内现存的清代“太常寺傅”木匾

裘屋内精美的砖雕花窗

栩栩如生的门板木雕，正在按原样作精细修复

形成独特的隔断，装饰呆板的墙面。镂空营造出的通透感，呈现出不同的美学视觉，在居家院落里，仿如园林建筑，充满自然之趣，对称和写意相结合，又增加空间层次感，充满含蓄的意境美。

细看还可以发现，两旁横屋的墙壁上方是砌有菱形孔的青石板，据说这样的设计具有排水通风的作用。过去桥东湖塘众多，铁炉湖又临近东江，每到汛期都会发生洪涝浸屋的现象，这些孔就是方便泄洪的。石板切孔时用的是正菱形，实用和美观融为一体。

从裘屋现存的建筑装饰构件和设计理念可以看出，这些皆出于能工巧匠之手，可想当时裘屋建造时主人对细节的讲究和和用材的气派。

三百年光阴荏苒，期待修复后重生的裘屋新貌再焕光彩，也许已不是原汁原味的裘屋气息，但那些保留下来的、没有在时光洪流里被淘汰的一砖一瓦、一器一物，注入了新的血液，古今结合，用全新的方式去延续老屋百年沧桑的血脉。

半村半郭桃子园

桥东桃子园社区 9 号

据说在惠州桥东塔仔湖有一处私家园林，名曰桃园。晚清才子江逢辰曾为之撰联："不深不浅湖水，半村半郭人家"。透过对联宛若看到了陶渊明笔下的桃花源，偏几经寻找而不得，想见之心愈加迫切。

沿路经街坊邻里指点，终于在惠新东街一个极不起眼的角落里，即今桃子园社区 9 号见到了"桃园"。庭院正门是一座典型的岭南风格清代建筑，高约 5 米，为青砖清水墙，檐下墙壁上的浮雕壁画依稀可见。门楼的气派可见当年的繁盛。绿色的铁门紧锁，门额上镶嵌的石匾正是江逢辰的墨宝。匾额右侧篆书横刻"桃园"二字，左侧楷书竖刻："归善城南木荆岗，今名桃园，其实无园无桃也。靖山通守先生，曲江贤裔，世属于兹九百年，将筑园树桃实为故事，则世德流长，更可必矣。光绪二十六年甲子六月城西江逢辰密弇甫题并记"。

桃园为清末惠州名士张靖山于光绪二十三年（1897 年）所建的私家园林，位于塔仔湖东面木荆岗，即今天桥东桃子园一带，后人又将园林称为桃子园。张靖山出自归善桃园"大姓"张氏家族。旧时塔仔湖是农户赖以生存的水源，湖狭长而广袤，湖中有印山，张氏久居于此，至明代，已是名门望族，出过张志规、张玉堂等名士儒将。受历代书香门第的濡染，张靖山爱好结交文人雅士。园林建成后，院内亭台楼阁、碑刻、假山一应俱全，布局玲珑别致，经常名士雅集，成为当年一个鼎鼎有名的园林，众多的名流都曾在这里吟诗作对，把酒言欢。其中不乏江逢辰、李星阁、符翕、黄灿芳等当时著名的书画界名流。当中数才子江逢辰与张靖山友谊最为深厚。

相传一天，张靖山到江家看江逢辰作画，看完画后，向江逢辰直言画中不足之处。江逢辰听后说："仁兄不妨站远一点，站到门口再认真看看如何？"张靖山依其所言，站到门外，认真端详该画。江逢辰见后哈哈大笑，而张靖山却被笑得莫名其妙。后来张靖山才恍然大悟：原来江逢辰要他——称他是"门外汉"。从幽默的调侃中可见两人交情不浅。而张靖山的桃园建好后，江逢辰也是第一时间为园林撰联，并在此留下不少墨宝。

如今一个多世纪过去了，张靖山与江逢辰的深厚交情传为佳话，而当年作文酒之会

桃子园正门匾额上江逢辰题刻摹板，笔力雄健，刻艺精湛

的桃子园的园林却早已不在了。四周建满了密密麻麻的民宅，要看符翕手书的“梅坞”和黄灿芳的墨迹“小桃源”，都要在小巷几经周折才能找到。现存的桃园庭院主要有书房和会客厅及一些碑刻，现在当地人通称“张屋”的就是“桃园”所剩的部分。如今的桃园里住着的是一些外来租客和几户张氏后人，但他们对桃园的历史以及张靖山都不甚了解。半村半郭的桃子园林随着它的辉煌过往消散在无情的岁月中。

丰湖书院

西湖风景区丰湖半岛

书院是我国自唐代至清代重要的教育机构，是培养人才的摇篮。惠州受苏轼等文人影响，文教开发亦较早，其中以丰湖书院最有名气，规模最大。

丰湖书院始建于南宋淳祐四年(1244年),时任惠州太守赵汝驭在惠州银岗岭创建“聚贤堂”。十年后，惠州太守刘克纲将聚贤堂改为书院，并命名为丰湖书院。后废于明洪武十七年（1384年）。清康熙三十三年（1694年），惠州知府王煐鉴于惠州各地教育事业凋零，购黄塘叶氏泌园等地作为讲学习诵之所，复名丰湖书院，再废于雍正初年。

位于丰湖半岛上的丰湖书院

丰湖书院内的藏书楼

嘉庆五年（1800 年），惠州知府伊秉绶大规模修建丰湖书院，次年落成，聘名士宋湘为山长。

1901 年，丰湖书院改为惠州府中学堂，结束了传统书院历程。1913 年，改名广东省第三中学。1936 年更名为广东省立惠州中学。1938 年日军侵惠，书院损毁过半。1946 年 3 月，粤秀中学迁驻惠州丰湖书院旧址办学；同年 6 月，奉省令改办省立惠州师范学校。与此同时，惠州中学改在县城的归善学宫复校。至“文革”期间，又改作惠阳地区招待所。1978 年复为惠阳师范学校，1993 年改为惠州大学，2000 年改为惠州学院。2008 年丰湖书院景点逐渐恢复，惠州学院全部迁往金山湖新校区。

历史上，丰湖书院曾两度繁荣。自明洪武年间起书院荒废了三百多年，直到王煐出守惠州，重视文教，在丰湖边重建丰湖书院。自书院重建后，“士之读书奋起，以得科名者，不乏其人。而远近亲朋，相与扁舟湖上，一唱一酬。篇什流传，颇极一时之盛”。王煐也被惠州人称为“贤太守”。此后丰湖书院再度荒废，直至一百一十多年后，惠州又来了一位“风流贤太守”伊秉绶。伊秉绶是当时中国文坛星光耀眼的人物，又聘岭南才子宋湘为书院山长，二人以丰湖书院作舞台共举一方崇文兴教事业，使得沉寂多年的丰湖书院及惠州文化重现生机。至 19 世纪，丰湖书院已是岭南的著名书院。梁鼎芬到书院做主讲时期，藏书多达 10 万册，是当时拥有全国最齐的地方志的书院。可惜的是，民国时期战乱频发，书藏损失严重。1931 年，剩余藏书迁入由当时地方名士筹建的惠州私立丰湖图书馆，即今惠州市图书馆前身。

丰湖半岛三面环水，新建的丰湖书院就坐落在绿树丛中，穿过丰湖书院牌楼，前面是一座仿古官式建筑，粉墙黛瓦，古朴素雅。里面修建园林景观，四周回廊衔接，环境幽雅清静，亭台榭阁俱有。与前厅隔院相对的是两层高的藏书楼，二楼则摆放着整齐的书籍。藏书楼左右两侧分别是“致知苑”“格物斋”。

丰湖书院作为宋湘所言的“人文古邹鲁，山水小蓬瀛”，紧紧维系着惠州千年一缕书香与丝丝文脉，只是如今古朴幽雅的新书院里，终究是缺少了琅琅书声与幽幽书香。

丰湖书院正门

| 梌山书院旧址 |

桥西中山北路 66 号大院内

历史上的惠州，曾被视作“南蛮之地”和“放逐之所”。为何近乎蛮荒之地的惠州却人才辈出？答案之一是其书院文化。

惠州历来是书香要地，可谓书院林立、学宫遍布，被列为广东四大著名书院之一的丰湖书院，在惠州乃至广东教育史上均占有重要地位。受书院文化的浸润，惠州“城以人兴，人以城荣”。这座具有深厚人文底蕴的千年古城，历来是文人墨客、名吏重臣荟萃之地。

荟萃惠州，聚宝梌山。作为千年府治所在地的梌山，自古就有“此山曾住玉堂仙”的美誉，梌山书院便是梌山丰富的历史文化遗存之一。

与历史源远流长的丰湖书院不同，梌山书院原为私立梌山中学，是惠州知名教育家黄植桢协同热心教育的人士于 1929 年 2 月所创办，其原址位于今中山北路 66 号院内（即中山公园旁原城区政府大楼旧址，现为惠城区老人活动中心）。

1938 年，日军侵犯惠州，学校被迫迁至惠东多祝，后因日军侵犯多祝，学校又迁至惠东安墩办学一年多后，再次迁回多祝。直至 1945 年惠州光复，才重新回迁惠州，并于原址设分教处，为惠州市第一中学前身之一。

今惠州市第一中学是“文革”后原惠阳地区唯一的省重点中学，前身是惠州联合中学。而联合中学又是由解放前的惠阳县立第一中学、私立持平中学、私立梌山中学和私立文明中学于 1949 年 10 月合并而成的。解放后，学校名字又几经更改，先后称惠阳县立第一中学、惠阳第一中学、惠阳第一初级中学和惠州中学，1965 年改称惠州市第一中学。

棯山书院旧址因年久失修，已成危楼，据照片资料显示，是一座中西合璧的洋楼，楼前斑驳的石阶，爬满岁月的青苔。然白墙朱窗，雅韵犹存。墙面的浮雕装饰，变化有致。墙体不同造型的镂空设计，既展现了东方建筑的美韵，又起到了通风照明的作用。圆形窗、拱门、拱窗的融入，别具一格，体现西方复古建筑的特征，与传统的方窗呼应方与圆的视觉美学，在对称中展现变化之美。

历经更迭的棯山书院，虽然现在空留遗址在棯山，淹没于市井之中，但其在历史的洪流中，不问出处，肩负育才使命，为惠州培养出一代代莘莘学子，为世人所铭记。

棯山书院旧址，位于中山北路原政府大院内

黄氏书室

桥西环城西二路 36 号

环城西二路是惠州城区的主干道，在车水马龙之中，一座清代建筑——黄氏书室，格外引人注目，在闹市喧嚣之中、高楼夹缝之间镇定自若地矗立，向每一个过往的人诉说它的前世与今生。

清朝前期，黄氏族人从福建迁徙惠州，家族繁衍生息，发展壮大。道光壬寅年间，族人修建黄氏宗祠，团结家族，敬仰开宗立派的黄氏先祖。重孔兴学，书香延续是黄氏家族的传统，为了方便来惠州赶考的黄氏子弟，祠堂改名为“黄氏书室”，为他们提供食宿和备考的栖身之地。“男儿欲遂平生志，六经勤向窗前读”，黄氏书室的每一个角落都镌刻了黄氏子弟功成名就的仕途理想，今天，透过褪色的窗牖仍然能感受到书香脉

黄氏书室，现为东江民俗文物馆

脉，诵读朗朗的气息。二进门额之上，“敦厚”二字雄浑苍劲，道出了黄氏才人学子安身立命的根本；大门两侧楹联“绩著循良第一，家传孝友无双”向世人彰示着一个家族的理想和抱负！

黄氏书室保存完好的内部

黄氏书室，阔三间、深三进，进门左侧廊道连接三进配房，是典型的明清祠堂建筑。2005 年 7 月，书室再一次完成角色的切换，承担起时代赋予它新的任务。在“恢复原貌和保存现状”的原则下，黄氏书室开辟为“东江民俗文物馆”，整体得到修缮，历史的创痕得以抚平，打开一扇展示惠州东江文化和客家民俗的窗口，成为目前惠州市唯一的专题性民俗文物馆。

黄氏书室内供奉的孔子雕像

从熙熙攘攘的环城西二路走进东江民俗文物馆，就像从 21 世纪走进了另一个时代，跨进大门，一幅质朴的东江民俗史画卷徐徐展开，馆内展示了具有惠州本地文化烙印的文物 2 万余件，从商朝贝币、东汉陶灶到唐代石磨，明清雕饰，绘画，串联起祖先们不断求索、上下奔波的生活足迹，让每一个驻足端详的有心人体会本土淳朴、厚实的民风民俗，感受一脉相承、绵延不绝的东江文化。

迈出书室的那一刻，川流不息的人群忙忙碌碌，绿树掩映下的西湖秀雅如画，与门额上“天开图画”四字相映成趣。现代的繁华、景色的秀丽、历史的厚重在内心深处交织、杂糅、融汇一身。文化是历史的镜子，历史是文化的承载，黄氏书室不会像西湖一样，周而复始地向每一位邂逅者展示四季轮回的景物，阴晴雨雪的情调，对书室而言，时代的内容在变，书室的样貌在变，时代对它的需求也在变，从祭祀祖先前辈，到方便应试子弟，再到东江民俗展示，黄氏书室的历史角色一再切换，唯一不变的是，只要它的生存空间还在，它就会永不停歇地向世人诉说它这一路走来的风风雨雨。

黄氏书室精雕细琢的檐角

宾兴馆

桥西金带南街 3 巷 10 号

科举制度自诞生以来，在中国流行了一千三百多年，明清时更是达到鼎盛时期。而惠州因众多文人学子反清复明以及“文字狱”，以致社会、文化衰落，士气萎靡，科举凋敝。为了鼓励家乡子弟科举进取，惠州乡绅们捐资兴建宾兴馆，作出租经营，其中部分费用用作资助生员、举子参加考试。

清朝的科举制度已臻向完善，只有官学、私学等各类教育机构的生徒才有资格参加乡试，这些生徒称为童生。童生经过本县、本府（或本直隶州、厅）和学政的三级考试，合格后入县学、州学、府学学习者，称生员，即秀才。考取了秀才，在清代科举入仕道路上，才算迈出第一步，之后还有乡试、会试、殿试等。当时，生员、举人等赴省城、

宾兴馆保护规划图

京城考试，路途遥远，交通不便，虽然官府有公车费，但寒门学子也常有旅费不足的忧虑。于是便出现各种地方成立基金组织用于资助科考士子的活动，明清时期称之为宾兴。“宾兴”源自《周礼》，乃周代举贤之法，本指国家考校取士。

宾兴馆是广东仅存的古代科考建筑

“朝为田舍郎，暮登天子堂”，科举曾是寒门学子进入官场的唯一途径。宾兴馆的修建，正是通过一种积极的资助方式，让更多的寒门学子得以圆梦。道光六年（1826 年），在岁贡黄锡圭倡议下，惠州归善县各乡绅共捐银六千余两、银元两千余元，买得塘尾街（即今金带南街）一块地，得惠州知府达林泰和归善县令于学质的支持，历时两年，于道光八年（1828 年）十一月建成宾兴馆，为三堂四横屋的封闭式四合院格局。当时，金带街至塘尾街一带的市井充满着浓郁的文化气息，宾兴馆的附近不仅有学院衙，还有东樵书院、三江书院、文昌宫等文化教育场所。不少到学院衙参加考试的生员，都会选择宾兴馆落脚。

宾兴馆坐北向南，背靠方山，前临池塘，远眺尖峰。至今馆内仍留着两块石碑，分别是《宾兴馆碑记》和《宾兴馆条约》，记载宾兴馆由来以及资助学子的各种规定。1905 年，科举制度被废除。宾兴馆的历史在此画上一个分号。抗日战争时期，日军入侵惠州，宾兴馆也难免劫难，遭日军飞机轰炸。解放后，宾兴馆收归国有变成“公房”，继而成为环卫工人宿舍。20 世纪 60 年代馆前的池塘被填平后，宾兴馆的周边环境和主体建筑，不断受到破坏和威胁。而后许多住户纷纷将宾兴馆内部隔离，或在空地上搭建房屋，宾兴馆的格局由此变得“面目全非”，已无从窥探当年的盛况。

如今这座隐匿在金带南街巷子深处的古建筑，正四周铁墙高围，进行修缮之中。周围一片拥挤的民房中早已没有了当年的士习之风，一百多年的风雨侵蚀，让古宅如耄耋老者般，垂垂老矣。而斑驳陆离的墙瓦之间，濡染的是一方土地醇厚的文雅，连系的是古今惠州的根与魂。

归善学宫

桥东惠新中街 1 号惠阳高级中学

两千多年前，孔子创办“私学”，广招学生，并将平民纳入到受教育的范围。孔子逝世后，学校并没有因此而解散，反而被学生们传承下来，在历史长河中延续至今，并遍布大江南北，既是祭祀孔子的地方，又是文人学子读书的场所，归善学宫便是其中之一。

归善学宫由惠州路同知暗都剌建造于元泰定元年（1324 年），明清时期均有修建。明代的归善学宫已颇具规模，有棂星门、泮池、戟门、大成殿、明伦堂、会馔堂、教谕室、东西两庑、号房，左后有敬一亭。至清代更有嘉善祠、肃痈亭、忠义孝悌祠、名宦祠、青云阁、文昌宫。当时的归善学宫有“东江文化摇篮”之称，作为培养科举人才的场所，

归善学宫位于惠阳高级中学内

重修后的归善学宫焕然一新

明清两代走出数百位举人、进士，并且每年都会举办隆重的孔子祭祀活动。

直至科举制度废除，学宫逐渐衰落。1946 年，在河源蓝口躲避战乱的省立惠州中学迁回惠州，原址丰湖书院已给省立粤秀中学进驻使用，只好在归善县学宫复校，即为现今的惠阳高级中学。之后一年时间里，旧学宫重新修葺，拆除部分危房，改建和新建了部分校舍，恢复了教学秩序。随后历经“文革”浩劫，学宫遭到破坏，被迫停办十年。直至 1978 年秋，从“文革”废墟中复办。

学宫古迹大多已在战火及城市建设中被摧毁，如今仅存明万历四十一年（1613 年）所建的戟门与大成殿，学宫主体结构保存明代建筑风格，同时也掺杂了清代结构。1993 年，戟门与大成殿按照原结构重修，更换了大成殿左七架梁，补装斗拱，重做屋面。按历史原貌于正脊重新灰塑梅、兰、菊、竹花饰，于戗脊和垂脊上重新灰塑缠枝菊花、八宝连中三元、一路连科等图案花饰。

现在，走进惠阳高级中学校门，便可看到庄严的戟门，依稀能感觉到归善学宫当年的显赫。戟门为硬山顶，琉璃灰瓦面，通高 8 米，通面阔五间，进深二间，门内中间用分心柱。梁架为抬梁式，七架梁。穿过戟门，便可见大成殿，为重檐歇山顶，琉璃灰瓦面。

现存的归善学宫主体建筑大成殿，为明代建筑风格

殿通高 10.5 米，与戟门同为通面阔五间，进深二间，抬梁式梁架。殿正面板门上有阑额，中有格子窗，下有地栿。厅内红色方砖铺地，宽敞明亮，柱间无装修，顶部为彻上露明造。修缮后的学宫焕然一新，已丝毫没有颓败的气息。

归善学宫，历经了近七百年的风雨沧桑，虽仍屹立不倒，却早已不复当年的辉煌。值得庆幸的是，那书舍间依旧传出琅琅的读书声。

古村风物
GU CUN FENG WU

横沥

墨园村：策马滴墨

横沥墨园村

逶迤的东江一路南下，在其东北岸边，一座古朴的村落如墨韵一缕，在惠州这张历史悠久的画卷上，晕染开一个关于耕读文明沧桑变化的故事。

这就是墨园古村，惠州横沥镇最美的森林家园，有着惠州保存最完好的古建筑群。墨园古村的先人自明代末年从福建迁徙而来，随后的四个世纪的光景，代代在东江流域繁衍生息。策马滴墨，圈地为园的发迹史，给它的名字镀上了一层传奇的色彩和诗意的光环。

墨园村现存有多处清代建筑，最古老的是繁衍了一代代墨园人的墨园古井，可追溯至开村时的明代。保存较好的有陈氏的墨园大夫第，茂记大屋，荣记大屋，二记大屋，肩负兴文重教、培才育贤重任的老书室，庇佑整村安泰祥宁的墨园围门楼（协天宫）。这些古建民居，其木雕壁画等装饰，匠心独运，精美绝伦，历经两百多年的风雨，依然焕发着生命力，彰显着家族的显赫和荣耀，传承发扬着墨园人同心团结、和睦共进的优良传统。

四百多年前，择水而居的先辈，在此山清水秀的地方开始了新的生活，轻软细腻的福佬话，透着闽人勤劳刻苦、发愤图强的韧劲，在现今以客家话为主的惠州，仍占着不可取代的一席之地。

墨园围门楼前的文化广场，记录着墨园村一年一度的元宵盛会，延续至今已有两百多年。墨园围前的藕塘，一池碧水，环聚住整村的灵气，守护着一代代墨园人的安宁。

走过悠长岁月，人杰地灵的古村村民过着知足常乐的生活，如今墨园村年轻一代与时俱进，出外拼搏，互相帮协，在厨师行业崭露头角，让墨园村也成了远近闻名的“厨师村”。

墨园大夫第的“镬耳墙”

墨园四大姓中的陈氏一族，“墨以名乡翰墨生香沾帝德，园能乐土田园大有籍神恩”的兴文重教，实现了由农耕生活向缙绅门第的跨越，为墨园村浓厚的历史文化底蕴添上了浓墨重彩的一笔。

披着时光斑驳外衣的墨园村，不是迟暮的英雄，而是满经历史积淀的智者，用最年轻的心态，在往后更长的年岁里，继续翘首向前，谦和而热烈，自信而温厚。

墨园大夫第

墨园村第 19 小组

作为墨园村四大姓中的陈氏，是墨园村一支官商望族。由经商发家，崇文重教，到后来科甲入仕，几代的陈氏人，为大夫第屡增荣光。

墨园大夫第是墨园村陈氏祖先陈尚忠在清乾隆年间所建，距今两百多年历史。占地面积约四千平方米，最盛的时候曾有各房家眷几百人在此居住。

大夫第为对称布局的堂横屋建筑，围墙内建筑平面呈凹形，由三堂、二横及前后院构成。牌坊式三间三楼歇山顶正院门和连接两侧横屋的高耸的镬耳墙，彰显着官家高上的气派。穿过宽阔的前院，便是面阔三间、深三进的堂横屋。院内皆为二层砖木结构，硬山顶，阴阳瓦，龙船脊，青砖清水墙加夯筑墙体。门廊立花岗岩梅花方柱，三步梁，双挑出檐，斗拱、驼墩、雀替、封檐板等木雕精美，形象生动，与屋内多处栩栩如生的木雕、石雕相映成辉，处处显示着官宦商家尊贵的身份地位。

正门中间高悬“文魁”匾额和两旁的“大夫第”匾额，阳刻描金，分别为：“清嘉庆二十三年戊寅科第七名举人陈泰立”“同治八年乙次己巳仲秋谷旦都察院都事加二级陈其侯、陈其相立”。正门内墙上匾额“光绪二十四年戊戌科会试中式第七十九名进士

墨园大夫第内部，为陈氏祖先陈尚忠于清乾隆年间所建

钦点营用守府”，指的是惠州最后一名武进士陈德元。二进屏门上刻“肃慎汝止”，三进花罩上悬惠州府刘公远赠陈其相“急公好义”匾额，一块块记录功名荣耀的牌匾，书写着陈家在官场的辉煌。

门前对联“卜凤家声远，开闽世泽长”述说着陈氏祖先由闽入粤的迁徙历史。迁居墨园村的陈氏第六代陈尚忠经营糖业起家，因经商有道，成为富甲一村的望族。长子陈文继承父业，壮大陈家在商道上的影响力。次子陈泰科举入仕，后世几代的陈其侯、陈其相、陈德元也先后取得功名。陈氏的兴文重教，影响着墨园子弟，勉励他们通过读书提升家族的社会地位和文化品位。

陈氏一族于清康熙年间迁徙而来，至六世祖逐渐兴盛，文举人武进士，功名颇盛，继而飞黄腾达了几世，随着清王朝的没落和家族的变故，这个曾经荣盛一时的世家也淡出人们的视线。但陈氏一脉的故事，至今仍为后人所称道。

“青山依旧在，几度夕阳红”，两个多世纪的岁月，磨砺了老屋威风凛凛的棱角，却给后人呈现出从容淡定的温厚，愿在更久远的未来，还能有更多的人聆听关于它的传奇。

恒兴书室

墨园村第 19 小组

在传统农业社会，士农工商，士为四民之首。为此人们非常重视兴学教化，学而优则仕则是读书人的主要出路。陈氏家族于 1810 年在“大夫第”正前面兴建了 298 平方米的“恒兴书室”，作为族人和村中子弟学习的场所，墨园村人称之为“老书室”。

恒兴书室，位于墨园村大夫第前方，是清代后期墨园村陈氏为教育族中子弟而建，为两层砖木结构，硬山顶，龙船脊，墙上部青砖清水墙，下部夯筑。大门开于左手间，有门斗青石框边。书室内中部为天井，两边有廊连接前、后进，并于廊后开门通往稍间。二进于明间、次间设前檐廊，立方形花岗岩梅花柱；廊檐为四檩卷棚。二进外墙上、下两层皆开方窗，上层红砂岩、下层花岗岩框边。

解放后，老书室被改为小学，如今村里 55 岁以上的男子都在此读过书。可惜在“文革”时期遭到破坏，书室就此空置，年久失修至今。外观保存较好，因久无人至而杂草丛生及部分屋顶坍塌。然而博风上精美的灰塑、封檐板的细致木雕，那栩栩如生的花草、人物，无不在彰显着书室曾经的气派。

从恒兴书室走出陈氏子弟，获得功名爵位的不胜枚举。如今，书室虽已不复当年风貌，但其辉煌的过往却真实地承载着陈氏这个百年大家族的传家之道，至今在陈氏祠堂前旗杆夹石以及高高竖立的旗帜，仍激励着一代又一代墨园子弟读书上进。

陈氏在清代修建的恒兴书室，解放后曾被改成小学

老屋最后的守望

墨园村第 19 小组

茂记、荣记大屋为墨园村陈氏七世祖陈文于清末所建。当年，陈文与弟弟陈泰，一个经商，一个从文，两人在各自的领域均取得一番成就，令陈家达到空前繁盛，而后兄弟俩分家。陈文一房人多，建造了荣记和茂记两座并排的大屋。两座大屋大小和结构基本一致，均为五间二进，中间只隔一米余宽的小巷。前院共用，建约两米高的围墙，东南向建单间九檩硬山门斗。房屋为两层砖木结构，青砖清水墙，下部夯筑，大门嵌花岗

荣记大屋（左）和茂记大屋（右）

岩石框边，有门斗，无门墩，门厅设屏门，上有横匾，阳刻三字唯“敦”“堂”二字可辨。天井两侧为两廊和廊房，廊房向天井一面开砖雕花窗。上厅设木扇门，内设神龛。大屋的门窗及封檐板的雕花、墙上的壁画、外墙的灰塑，保存尚算完好，仍清晰可见，内容为花草、人物、鸟兽等。

陈泰一房人较少，在荣记、茂记前方建了二记大屋。二记大屋平面为长方略呈“凹”字形，为堂横式围屋，主体建筑构造与荣记、茂记相似。屋内设戏厅，据说陈泰以前常常在此邀请亲朋听戏赏乐。上厅设花罩，内原有神龛，“文革”时被拆除。正屋与横屋间本为天街之处建有门、厅，设有仪门，后为天井。二记大屋相对于荣记和茂记，装饰更为华丽，各处雕刻、壁画亦更为精美，只可惜其壁画多在“文革”时被破坏。

三座大屋携手走过了近两百年的荣辱兴衰，老屋里的人去了又来，来了又去，终于退去喧嚣归于宁静。

2013 年按原貌重修的墨园围门楼，古韵依然，上层为“协天宫”

墨园围门楼

墨园村

墨园围门楼为单间二层砖木结构，硬山顶，龙船脊，碌筒瓦，绿琉璃瓦当，滴水剪边。底层为门楼过道，石砌门洞，方框券顶，花岗岩石框边，方门框上灰塑“墨园围”，门阔 1.7 米，进门方向门内右边设木梯，可达上层协天宫。

二层楼面为木板上铺棋盘砖，后檐墙前有砖砌神台，神龛分三间，分别供奉关帝爷、医灵大帝和福德公。墨园协天宫始建于康熙年间，重建于乾隆癸巳年（1773 年），子孙梁下刻“乾隆癸巳年仲春吉旦重建”字样。

门楼墙体青砖清水墙，前檐封檐板作滴水瓦状，檐壁左右有壁画，为松鹤、牡丹等寓意长寿富贵的彩绘。墙左右竖开绿釉砖雕花窗，中间开青石框边大窗，上悬挂“协天宫”木匾，窗上横挂一排财丁兴旺的精美花灯。

墨园围门楼已于 2013 年按旧貌重新修葺，重修之后更具古韵。围内是墨园四大姓中的徐氏宗祠和陈氏宗祠。各姓先民同为福建迁徙而来，聚族而居，和睦共处，亲如一家。墨园围见证着历代子孙的繁衍生息，守护着墨园人安居乐业的美好愿景。

墨园围门楼内的陈氏宗祠和徐氏宗祠

墨园古井

墨园古井为明代水井，是最早迁徙到此地的徐姓先祖挖凿而成的，距今已有三百多年历史，是墨园村现存最古老的文物。

井深 13 米，井口至水面约有 6 米，井壁为红砂岩，井圈为花岗岩，稍高于地面。因井腹大于井口，呈葫芦形，井台等分八边呈八卦形状，由花岗岩横铺四排，故称“八卦葫芦井”。

井水清澈甘洌，直至现代仍能饮用，随着自来水的普及，如今的古井上覆装上了防护盖，平时不用，只在一年一度的元宵盛会抢“神水”环节中才开井。

井旁有一香炉，亦为元宵盛会仪式中上香所用。

墨园古井，滋养了一代代的墨园子孙，在历史的洪流中，退去了部分实用功能，但在民俗信仰里依然发挥着不可磨灭的作用。

墨园围门楼前的墨园古井，凿于明代建村之时

墨园上元清醮

墨园村元宵节民俗活动始于清同治年间，距今有二百多年历史，它代代相传，古时村民们欢庆元宵，目的是祈求神明庇佑，虽气氛热闹，但受时代和物资的局限，起初的元宵节民俗活动较为单调，主要是搭台做戏。

随着时代的发展，现在的墨园元宵节内容逐渐丰富起来，活动意义也不单纯是祈求神明庇佑，而是作为维系村民团结，丰富村民文化娱乐生活的一种途径，更加注重了元宵节的传承和发展。

一年一度的元宵节热闹非凡，从元月十一祈福至十六送丁结束，历时六天。

十一日早上九时祈福。全村各户捐集祈福香资，每人手持清香三支，九时统一拜神，祈求老少平安，风调雨顺。

十二日起醮。十二日零时鸣锣响炮，由村中夫妇齐全子孙满堂的长者到协天宫，把关帝、医灵大帝、福德公请到协天宫对面搭好的醮棚，与北帝爷、牛王爷、大王爷、社官爷一同看戏闹元宵，由理事会的专人敲锣打鼓，鸣放鞭炮一路迎请。下午开始做戏，每天开场，直至十六日。

十三日早上九时升丁。升丁也叫上丁，由全村上年添丁（生了男孩）的户主参与，添丁的家庭要摆酒宴请亲朋好友。家有新丁的家长要备八角灯笼一对，按孩子出生的先后于早上八时开始将贴着新色纸的灯笼送到灯棚，写上百子千孙、长命百岁，灯笼烛火直到送丁之日都要保持日夜不息。

十四日以文艺活动为主。以前是观看潮剧，后来改为播放电影，随着时代的发展，在协天宫理事会的组织下，除了增加粤剧，近些年又设置了文艺舞台供村民唱歌、跳广场舞、乐器表演等，不仅丰富了村民的娱乐生活，又给表演者展示才艺的机会，拉近了大家的距离。

十五日是最热闹隆重的春游。春游之前，先进行打醮，打醮分为签符和出煞。其间由村中德高望重的长者主持，经过一系列讲究繁复的程序，最后把供品倒入古井，井水称为“神水”，先由男性村民把守井口，装满十几桶“神水”后，女性村民才能靠近开始抢“神水”。把抢到的“神水”带回家，寓意把平安和福气带回家，抢的水越多表示

每年元宵节的墨园游神活动——上元清醮

福气越多。

最后是全村游行，游行者穿着祠堂统一的服装，沾上公鸡血，寓意驱邪保平安，排成长龙，敲锣打鼓，沿路燃放鞭炮，按惯例路线行走，时间约为两个半小时。到了晚上燃放烟花，全村男女老少齐聚一堂，互相庆贺祝福，在一片热闹喜庆的氛围中，乐享太平盛世。

十六日晚组织送丁、接丁。上年添丁的家长敲着锣把灯笼送给新婚的家庭，送丁用的灯笼由全村添丁的家庭合伙筹资购买。新婚家庭奉上果品香茶，热情接待，互相祝福。

世代流传的民俗，在淳朴中满载着美好的寓意和祝福，充满烟火气息的活动，热络着人与人之间的情感，让因世代繁衍逐渐疏远的亲友，重归一起，凝聚一族的血浓于水。

久无人居住的下山里围屋已破败不堪，但从其独特的格局和现存建筑可以窥见当年的豪华

山村镬耳屋

横沥镇蔗埔村下山里

在横沥蔗埔村的村子深处有个叫下山里的地方，若没有村民指路，外人难以寻到。下山里有一座张氏祖屋，又叫下山里围屋，当地村民称其为“九厅十八井”。

清康熙末年，蔗埔村文运亨通，村人接二连三中举，一时文风愈加盛行。当时村里有个叫张成元的商人，虽不是读书人，却积极倡导“学而优则仕”的学风，后代屡有中举。张成元发家后，在下山里建造了大宅子，也就是如今的这座张氏祖屋。祖屋厅堂高挂的“文魁”牌匾以及张氏祠堂门前的三对功名碑就是张成元崇文重教的明证。

张氏祖屋背衬丘陵，面向田园，与周边自然环境达成一种和谐。与其他围屋不同的是，坐东向西的张氏祖屋大门并非正对厅堂，而是在南北两侧开门，南北两侧外端由围墙连接，形成外院。房屋面积庞大，多达4552平方米，整体呈长方形，由二堂、五横、一倒座、一前院构成，共三进院落，左右建筑不对称。山面为龙船脊镬耳封火墙，四周筑6米高围墙，距离地面1米多高的墙体上留有射击孔，每隔三米就有一个，具有很强的防盗御敌功能。

张成元经商，虽地位不高，在当地却也是大户人家，张宅所筑的墙体上的“镬耳”就有八个。在当时唯有功名的乡村方能采用镬耳屋，因其象征着官帽两耳，具“独占鳌头”之意，也是当时家境殷实的象征。镬耳屋所用材料极为讲究，而且造工精细，其结构从檐口至顶端用两排瓦筒压顶并用灰塑封固，处理收口的工艺是整座建筑工程难度最高、造价最贵的地方。若非大富之家，是用不起也住不起的。

如今，两百多年过去了，豪宅的历史逐渐被人们淡忘，处在山村深处的老屋已鲜有人问津，张氏后人陆续搬出后，也只在年节祭祖时会回来。围屋建筑前部保存相对较好，堂屋建筑新修过，但墙体上栩栩如生的灰塑、门窗上的精雕细刻的木雕仍可一窥老屋当年的风采。屋内至今还保存着与老屋几乎同岁的一对金漆木雕狮子和一个嫁妆箱，见证着老屋的兴衰荣辱。后部建筑除祠堂外已基本不存，正堂两侧均已杂草丛生，人不可至。镬耳封火墙只剩两扇，斑驳的围墙上，镬耳墙经过百年的岁月洗礼，仍保留了清代的原汁原味，绝非当下的仿古建筑中的镬耳所能比拟。只是，“凸”字形的镬耳墙在后面一片坍塌的废墟中显得尤为突兀。当山风吹过，由镬耳墙挡风入巷道，形成穿堂风在耳边呼呼作响，仿佛在诉说着祖屋过往的辉煌历史，又像是在叹息时间如大浪淘沙般的残酷。

下山里围屋正门

蔗埔糖寮

横沥镇蔗埔村下山里第五村小组

“糖寮”是广东人给土法制糖作坊起的名字，在清朝颇为通行，也有叫“榨寮”或“糖房”。中国手工制糖已有上千年历史，鸦片战争前，糖是中国几大出口商品之一，当时都是靠土法制糖，是糖寮的全盛时期。而惠州地处东江中游，水运发达，上游通往河源，下游通往广州，制糖业亦甚为兴盛。当时，东江两岸是成片成片的甘蔗林，这里人们靠种植甘蔗养家糊口。

至今，横沥蔗埔村一听名字就让人联想到甘蔗，这里还留存着一家清代的糖寮遗址。据当地人介绍，清朝时蔗埔村有一张姓四兄弟，见蔗埔村及周边广种甘蔗，从中窥见商机，联手在蔗埔下山里创办了糖寮。于是，一间占地近 260 平方米，三开间的糖寮开始了它近百年轰轰烈烈的运作。

大凡农历十一月以后，甘蔗成熟，便开始砍蔗榨糖了，糖寮在一年之中，只有冬日甘蔗收割时才动工，糖寮独特的蔗糖清香一直从初冬延续到翌年春末。榨糖用的石绞是由花岗岩制成两粒圆石，约两吨重。需四头大牛才能拉动石绞中间的木条钳，使石绞转动，再把甘蔗插入石缝，被石绞压扁，蔗汁顺着石下小沟流进预先挖好的汁坑（或汁桶）。再将蔗汁转移到“煮糖间”，通过煮糖将水分蒸发，制成糖浆，糖浆经过在“糖槽”中的反复研磨变成粉末状的红糖。上等的成品红糖呈菜花黄颜色，质地松软。

张氏四兄弟几乎收购了周围所有的甘蔗，可以说是垄断企业，颇具规模，影响甚大，把糖寮经营得有声有色，生产出来的糖销往全国各地，也因此富甲一方。有英国人专门寻来蔗埔，只为在这家糖寮学习制糖技术。而张家风光之时不忘关心民间疾苦，有一年惠州地区大旱，粮食减产，二房子孙张成玉在外地售糖后不要现钱，而是直接换粮食，带回给乡亲。张家因此善举获赐“州司马第”的牌匾。

本着想要一睹糖寮风采的心情，在当地村民的带领下来到糖寮遗址，眼前的情景令人不甚惋惜。糖寮已是残垣断壁，里面杂草丛生，墙基尚在但上盖已不存，唯左面一堵上山墙较完整，几棵龙眼树已有近十年树龄。左房置锅处现只剩平台，但灶闷仍可见。明间的位置，一对榨糖用的石绞掩映在杂草丛中。

原来，因为甘蔗种植较苦累，经济效益又不高，改革开放后，随着乡镇企业和商贸业发展，甘蔗种植面积逐年减少，大片种植的蔗园成了历史。加上现代化机械的普遍使用，至 20 世纪 80 年代以后，乡村许多土糖寮因此停办。下山里的糖寮最终也只能无奈地淹没在现代化的潮流中，于 20 世纪 70 年代末停止生产，最终被废弃。

糖寮遗址中用于榨甘蔗的石绞

蔗埔文笔塔

横沥蔗埔村

中国古塔，是中华五千年文明史的载体之一，除了为自然风光增色添彩，作为一种建筑，更起着传承文化、承载着人们不同寄望的功能。

蔗埔文笔塔位于横沥镇蔗埔村村道入口处，始建于清乾隆癸巳年（1773年），1992年重修，塔身基本保持原貌。据《惠阳县志》资料记载，相传自康熙之后，蔗埔人中举者接二连三，文运大开，乡人为彰其迹，故建塔纪念。乡民筹款建起了文笔塔，旨在兴文引禄，保佑本地读书人功成名就，青云直上。

文笔塔高14米，塔底呈六角形，塔基边长2.3米，为三层楼阁式青砖建筑，层高4.13米，占地面积约40平方米。塔身用砖叠涩出檐，第一层檐下饰以两层花瓣堆叠挑出，二、三层塔檐下皆饰以四层花瓣样式挑出。每层檐上出坡面，转角处皆作龙船脊挑出。底层面北开一门，门高1.9米，宽1米，用花岗岩石框边，方框券拱。二层正面开方框券拱窗，三层正面开圆窗，其他各向皆开小方窗，覆砖雕花窗。塔内左侧沿塔壁有阶梯上临二、三层。塔顶为六角攒尖，碌筒瓦，龙船垂脊，上施覆钵、琉璃宝珠组成塔刹，冠表全塔。整座塔造型古朴典雅，装饰细节精致。

极目远望，玲珑孤塔，于旷野田间拔地而起，傲然独立，阅尽两个多世纪的风雨，承载着人们寄予的恒昌文运的使命，孤独而荣耀。

相传文笔塔还有一名叫“杀师塔”。建塔者张必英为纪念被奉为“文昌公”的清乾隆年间状元张良才，以昌文运，然文笔塔建成不久，张必英病逝。新中国成立之前，蔗埔村和相邻的岭下村村民因争地多次斗殴，岭下村人以文笔塔乃不祥之物，有挡风水之嫌为借口，强烈要求拆除文笔塔，后在蔗埔人的顽强保卫下，文笔塔才得以幸存。新中国成立后，当年两村的纠葛也冰释前嫌，而文笔塔作为军事地图中的一个重要路标，在“文革”“破四旧”运动中幸免于难。

如今，苍穹之下，古塔冒新芽，塔顶长出绿植为其注入了新的生命力，关于文笔塔的传说，那些灵光异彩早已在岁月里渐渐淡退，取而代之的是人们对先贤的缅怀和对文笔塔最初的建塔本意的期望。长百年文风，助文运恒昌。

位于蔗埔村村道口的文笔塔

愚庐

横沥蔗埔村上围

惠城区横沥镇蔗埔村上围村小组，坐落着一栋中西合璧的民国建筑，这就是曾为国民党中将的张大中的故居。张大中，字卓英，号守愚。愚庐为其于1934年所建，当地人称之为“将军楼”。

愚庐为二层砖木建筑，一层夯筑，二层青砖砌筑，建筑俯面整体呈凸字形，凸出部分为阳台。面阔三间，进深三间，进门为大厅，两边为房间，最后为天井。前檐四柱三门为朱红色仿罗马柱欧式拱门，两边为砖柱。檐壁有花草和回纹雕饰，糅合了中西建筑元素，正门木质的趟栊门，兼具通风透气和防盗保安的功能。二层阳台与楼顶晒台砌绿

愚庐，当地人称“将军楼”，为国民党中将张守愚的故居

愚庐别栋细节，别栋为张守愚兄长所有，其建筑风格与愚庐相近

中西合璧的愚庐细部，岁月难掩昔日的气派

釉瓷瓶围栏，二层顶上女墙（指房屋外墙高出屋面的矮墙）中间砌横匾，曾有灰塑“愚庐”二字，可惜“文革”期间被凿掉。建筑整体从色调搭配到装饰，设计造工精致，可以想象当年落成之时气派的光景。

张大中毕业于云南陆军讲武堂，曾与叶剑英为第十二期同学，在南京陆军大学毕业后投身革命。1938 年调任国民革命军独立第二十旅旅长，1941 年初，调任国民革命军重庆方面军部中将参谋长。曾参加正果之战，率部下正面抵抗日军，顽强地阻击了敌人。1941 年底，张守愚退役，在位居高官的时候急流勇退，选择回归故里偏安一隅。解放战争开始后，协助东江纵队打击横沥、矮陂等地的反动武装势力，得到当地群众的拥戴。

1948 年避居香港，最终客死异乡。

如今的饱经风霜略显颓败的愚庐，住着老少三代，很难让人联想到他们的先辈曾经是叱咤沙场的将军。故人西去空余憾，半生浮梦何处寻。在闭落的小村庄里，时光荏苒，岁月如梦。

愚庐门檐，糅合了中西建筑元素，美轮美奂

其源大屋

横沥潭头村东清小组

位于横沥镇潭头村东清小组的其源大屋，由东清钟氏族人建于清代，是一座二层砖木结构的客家围屋。

建筑面阔 41.3 米，进深 23.53 米，面积 972 平方米。硬山顶，阴阳瓦，墙下部夯筑，上部为青砖清水墙。结构对称，为堂横屋，堂屋五间二进，头进为龙船脊，左右加横屋，与堂屋间以砖墙隔为房和天井。堂屋门廊檐下双挑出檐，挑檐梁下以丁拱承托，升作仰莲状，拱身雕花。封檐板上的木雕以花鸟图案装饰。墙上灰塑有麒麟、蝙蝠等祥瑞图案。

门皆为青石框边，左右横屋前、禾坪两边各有单进二间建筑与横屋相连。堂横屋隔墙上开砖雕花窗，刻有回文、蝴蝶、花卉等，造型精美。

院落左右各开一门，正门厅设屏门，横匾上书“世德发祥”。屏门柱础之间以石板相连成门槛，石板上阳刻铜钱等寓意招财进宝的吉祥图案。

左院门厅内设屏门，屏门雕绘合一，用彩漆涂饰。上部为镂空隔断窗，横屏与门上的镂空样式有所区别，木雕部分为花鸟图案，采用漆金工艺。屏门后为木板隔间房。

史载钟氏来源有三种：一是源自子姓，以邑为氏；二是以职业为姓；三是出自嬴姓，为钟离氏改钟氏。目前钟氏流传下来的主要有两支，一是钟烈为得姓始祖，二是钟接为得姓始祖。南宋淳祐八年（1248 年），为了避免战乱，钟烈后人“五龄兄弟”（即钟提龄、钟遐龄、钟祯龄、钟祥龄和钟瑞龄五兄弟）入粤。“五龄公”从中原（今河南颍川）长途跋涉到南安（今江西省大余县），后又分迁广东各地。其中钟遐龄后代，钟应祯支系钟子智最后迁至惠州市横沥镇的潭头村开基。

钟氏一族于潭头村落地生根已有七百多年的历史，建于清代的其源大屋现为钟氏祠堂，整座建筑有翻新修缮的痕迹，地上堆落的成色尚新的红色炮纸和“佳偶天成”的联婚喜联给这座老屋增添了喜庆气息。

岁月退去了老屋的居住功能，然而老屋没有破落，而是作为迎新纳喜，举办家族盛事的聚集地。从屋内各处装饰都可以看出，钟氏族人对美好生活的向往，寄愿子孙后代金玉满堂。

其源大屋寓意祥瑞的壁画

其源大屋细部

其源大屋内部

钟兴桥

钟兴桥

横沥潭头村五星村小组

俗话说："逢山开路，遇水搭桥。"惠州自古多水道，因此古桥自然也不少。但如今保留比较完好的古桥，多是因为改道鲜行被人遗忘。

钟兴桥位于横沥镇潭头村五星村小组一处竹林深处，若非村民带路，根本无以得寻。

小路两旁是茂密的竹丛，地上枯黄凋落的竹叶铺了厚厚一层，与雨后湿漉漉的泥土混在一起，可见此路鲜有人行。因泥路湿滑，同行的人小心翼翼穿越丛林，终于在一处拐角柳暗花明。

面前三根花岗岩石条并排铺设，旁边立着的"惠城区不可移动文物"的碑掩映在草丛中。村民说，村里年轻一辈的应该很少知道有这座桥，这桥在他很小的时候就有了，所以只有上了一定年纪的人才可能知道，没想到这桥是两百多年的古桥。

钟兴桥为潭头村钟姓于清嘉庆七年（1802 年）以二世祖的“围内尝银”所建，是一座空腹式石桥梁。桥为东北、西南走向，桥面宽 1.07 米，桥长 4.9 米，桥身为成条花岗岩石梁，由巨石直接凿取，中间无接缝。三根石梁并排铺设于两头桥墩上，石梁截面尺余见方，三条略有大小之分。桥墩用当地山石交互累叠，结构稳固。现桥面石梁保存完好，三梁并合处积灰累尘，填满缝隙，石面也被磨得光溜，可见年代之久。

据资料记载，钟兴桥还有一座桥碑亭立于桥东北向约 15 米的塘角岭坡下，记录了建桥的时间、建桥人和建桥款项的由来。亭周边为红砂岩，仿硬山建筑。左右刻对联，左边刻字损缺，右为“长命富贵”。现只剩原亭中镶嵌的青石碑，阴刻楷书；上从右至左横排“钟兴桥”三字，其下分两排竖刻，上款“嘉庆七年岁次壬戌孟冬”，中刻“二世祖讳鼎富公围内尝银造”，无下款。沙土中隐约可见碑下为红砂岩基座，据记载原为花岗岩祭台。与祭拜有关，多是祈保平安、风调雨顺的愿景，可见当年此桥在村民心中的地位。

钟兴桥及碑亭对研究本地清代石桥、民间公用建筑筹资方式以及民间风俗信仰等具有一定价值。

桥碑

芦洲

岚派村源流

家族变迁史

明万历十五年（1587 年），对一个明王朝来说，是彻底走向衰败的转折点；对一个福建的家族来说，是重新开创辉煌的起点。过了这一年，二十六岁的明神宗放弃了初登皇位的理想，“从此君王不早朝”，而在明朝版图南端的福建漳州鸬鹚乡，二十岁的许氏子弟许钦贵，拾起家族振兴的重担，筚路蓝缕落基惠州，开始了岚派村的一段传奇。

岚派村位于惠城、博罗、紫金三县交界处，东江、岚江两河交汇点，氤氲在和它名

岚派村航拍图

二房大屋檐板上惟妙惟肖的精美木雕

字一样美丽的环境中——浮岚暖翠，派居泽长。东江水温婉缠绵而过，绵延山岚隐隐相称，村庄石径小道交错相通，屋舍规整布局，这些古典民居在三百多年的风雨剥蚀下，静静地撕开一个家族变迁的一角，见证了他们从山水迁徙到异地安家，再到置业兴旺，最后族群迁离的过程。

安土重迁是中国人思想深处最牢固的观念根植，从故乡到异乡的迁徙不是田园牧歌式的远足，而是充满艰辛与凶险的探寻。明万历十六年（1588年），岚派村许氏始祖钦贵公从福建漳州府鸬鹚乡迁来惠州归善县落基，如何立足异地是许钦贵初来岚派面对的第一个问题。最初，他只能在东江河对岸的观音阁当佣工来维持生计，勤奋、善良与诚恳让他得到了当地人的接纳，娶了当地居民为妻，开始了家族的繁衍生息。

曲折与艰难中，许氏第四世先祖开始创业兴家。利用得天独厚的自然地理条件，许家开始种植甘蔗，发展糖业，几代人凭着睿智的经商头脑和诚信品质逐渐发展成为东江流域不可撼动的糖业大亨。垄断了东江流域的糖业价格，生产和收购的产品近销博罗等周边县城，远售广州等核心大城市，并在广州、惠州等城区设立商会。通过经商积累的财富为许氏家族筑房置业创造了物质条件，其中四世盈润公的子孙，东奔西驰，积累万金购田建宅，今天所见岚派村九厅十八井就是盈润公后代相继修筑。

许氏宗祠前的恩科旗杆夹

在许氏家族兴旺过程中，士、农、工、商，并行发展，以种植甘蔗发家，又兼以畜牧、养殖等农业生产；以经商兴家，又兼守文教立家。

五世子弟鸣仕成为家族第一个监生，从此文教兴盛。1808年，许茂森首中举人，受赐桅杆一对，至今立于家庙门坪。道光癸未年（1823年），许茂森被选授广州府从化县儒学训导，于次年去世。其次子许廷顺以父亲在从化县任儒学训导得数百金，与弟许昭顺经营生意，东奔西驰十余年，拥有万金，创立田宅，建成了惠州家族教育史上最重要的建筑——文林第。

文林第大门开在房屋右侧，向南偏东，转角斗门七檩，内斗两层，门额挂阳刻“文林第”的木横匾，墙壁上方饰花鸟人物画像灰塑，檐下嵌木雕。进大门右侧为建筑主体，青砖清水墙下部夯筑，为三堂、左二右三横屋结构，横屋布局不规整，前围倒座房与左右横屋相连形成大院。堂横屋开三门，皆有门斗。正门前三级抱鼓垂带踏跺，前檐廊三开间，立花岗岩梅花柱，出三步梁，双挑出檐，门拱、柁墩雕刻精美，次间墙上出石挑檐，挑檐上以青砖承檐，门厅仪门上木匾阳刻“六谦堂”。文林第整体保存尚完好，但倒座房已被改造为现代平房，左外横屋中部已不存，最外部为新建的

狗是老屋最忠实的守护者

文林第内部

两叠式“马头墙”，邻居发生火灾时可隔断火源，故又称“封火墙”

房屋。文林第是许家追求仕途达到极致的代表，这座建筑的背后代表着许家历代对教育孜孜不倦的追求。

建筑风格

岚派村的古典民居建筑群是至今尚能触摸的许氏家族变迁史，岚派许氏属于惠州三大民系的福佬民系，现在保留下来的主体建筑包括二房大屋、文林第、五房糖房、二房外屋等，是典型的福佬民居建筑，彰显了绚丽的福佬文化。

选址上，福佬建筑有他们的风水理念，尊崇依山傍水，讲究坐北朝南。近水而建是福佬人对安身立命之地最坚定的信念，他们认为“身之血以气而行，山水之气以水而运”，只要四面水绕归流一处，家族就有兴盛的希望。岚派村东江环绕，岚江流淌，既符合福佬人传统建筑的风水观，又为许氏家族糖业运输提供便利。

在整体布局上，密集式布局是这里的福佬聚落主要的布局方式。一般最早出现规划完整密集民居群落，随着后代人口繁衍，不断在旧房旁边兴修小型的新宅。基本形式又包括一明两暗、竹竿厝、下山虎以及四点金。岚派村初建于许氏五世子弟，后因糖业逐渐壮大，家族重文崇教，人才辈出，宅居面积不断扩大，构成庞大的村落布局。这些建筑既保留了传统福佬建筑的风格，又糅入广府文化的影像，形式有下山虎的三合院式民居，也有规格更高的四点金式布局，屋脊的做法出现受广府影响，出现龙舟脊、博古脊而非潮汕地区的平脊，这是他们来往广州地区进行贸易往来而汲取广府文化因素的印证。

福佬人重视祖先崇拜，当建立一个新聚落的时候，必须先建祠堂，再围绕祠堂修建民居。福佬人的祠堂也是聚落的核心，祠堂的规格也可以显示本宗族的实力和地位。清初，许氏先祖们就修筑起家庙，一百余年后于1809年重修，1893年再修，最近一次家庙重修落成仪式时间是2012年1月。

至八世子孙开始，许家陆续有人出海经商谋生，以华侨身份为家乡建设捐资出力。现在，在泰国、印度尼西亚、马来西亚、新加坡等国打拼的许氏子弟还有一百多人，他们漂洋过海在异国他乡白手创业，像当年的祖先跋山涉水来到岚派开辟新基一样。这是一个家族发展的必然：聚散离合，兴衰盛败，留在岚派的古建筑是许氏家族在生生不息的迁徙道路上留下的一抹印记，镌刻着他们的前世今生。

二房大屋外墙

二房外屋内部

角楼大夫第

芦洲镇芦村角楼村小组

芦洲镇芦村是惠城区北端的一个村庄，背靠山岭，临近东江。在青山隐隐秀水迢迢的村庄中，一座百年角楼深藏其间。

位于惠城区芦洲镇芦村角楼村小组的角楼大夫第，为芦村黄姓先祖瑞清公建于清代，瑞清公生于清嘉庆三年（1798 年），卒于清光绪三年（1877 年），诰封中议大夫，生有五子。角楼大夫第保存基本完好，原有皇帝御赐的“大夫第”牌匾，现早已不知所踪。

角楼平面呈正方形，面阔 55.5 米，进深 53 米，由前护墙、角楼、倒座房、堂横屋构成，为“九井十八厅”格局。前护墙夯筑，正中开大门，两侧各开一扇小门，墙高约 5 米，厚 0.85 米，顶部建女墙约 1 米，留出约半米宽墙，顶上为通道通往楼角，下方与倒座相隔为巷道。前围凹字形倒座建筑为二层砖木结构，硬山顶，墙体下部夯筑，上部青砖清水墙，中间开大门，与横屋相连形成内院，前围与横屋相接处开小门。

角楼前面是一块大空地，上面长满了野草，是原先的晒谷场。角楼原有四个楼角，分别为东楼角、西楼角、南楼角、北楼角，与护墙正面两侧相连的楼角尚存，后面两个

角楼大夫第航拍图

角楼大夫第内部

楼角因房屋改建被拆除。护墙上相隔几米就有一个方形枪眼，根据石条长短砌框为“工”字形和“口”字形。角楼为三层青砖清水墙，每面墙上也有数个方形枪眼，主要起瞭望防御作用。

穿过内院是正中的堂横屋，堂横屋三堂二横六天井，硬山顶，阴阳瓦，上部青砖清水墙，下部夯筑墙，上堂为祖堂。堂横屋前开三门，正门檐廊花岗岩方柱，出三步梁，单挑出檐，斗拱、柁墩、梁头等雕龙画凤，花鸟虫鱼刻工精美。

现角楼大夫第内墙壁上仍有多处“文革”时期刷写的毛主席语录，沿着角楼外围走，可以看到一部分被拆掉后的残墙，为砂石砌筑，约有半米之厚，固若金汤，外敌来侵，根本刀枪不入。后方横屋与砖柱相连的墙面，还隐约可以看到饰有浮雕和灰塑的花卉图案，建筑工艺毫不马虎。从檐柱、门楼的石料看，都是完整无切割痕迹的，可见角楼大夫第用材和工艺都很讲究。

角楼曾经还有巡视周边的治安情况专用的跑马道，不过近代已被附近村民搭建房屋占去了。村里年长的村民对这座老房子有着深厚的感情。据说 1959 年洪水浸村，当时

角楼大夫第内部

部分群众都转移到这座地势较高的老房子居住。直到 20 世纪 80 年代初，还有七八十户人家三百多人居住在角楼大夫第。

朝西涧，夕东篱，红尘俗事本无心，只久仰竹林高逸。夕照之下，倒地的柱础和石臼，尽染岁月斑驳的痕迹。院子里拄着竹杖的古稀老人习以为常，一脸安详。地上木墩缝里长出的菌朵，像燃烧的火焰，给这百年老屋的沧桑平添一抹艳丽的色彩。一百多年，时过境迁，庆幸这里的生命气息，依然在时间长河里汩汩流淌。

呈陂，活的古迹

芦洲岚石村百告山西侧军田河中游

芦洲镇的岚石村，群山叠嶂，曲水环绕，竹在山巅摇摆，苍翠成海；水在山间游走，相依如带，河道绵延曲折，顺势而下，呈陂横卧其上，蓄一方清澈，要拉住水的离去。

水，是文明的发端，有水的地方就有人类文明的痕迹，中国绚丽辉煌的农耕文化，是水孕育出的文明。水源于国于家都有无可替代的作用，治国者必先治水，家族兴旺必定依山傍水，所以兴修水利是治国安邦、持家立业的大计。清代，马氏先祖来到芦洲镇开基立派，开垦耕种，用最原始的智慧，在军田河中游修堤筑坝，灌溉农田，后呈洞钟姓祖先续修完善，因此称之为“呈陂”。陂（bēi），池塘、水岸、山坡是其基本义，古代水利工程名称多与之相关，如春秋孙叔敖修建芍陂，西汉建于南阳穰县的六门陂，以及东汉末年刘馥开凿的茹陂。

呈陂水坝位于河流中段狭窄处，东北西南走向，上游两岸各设排水口和水渠，东北排水口引水入岚石村，西北排水口引水入岚田村。一方山水养育一方人，顺应自然，融入自然，利用自然，但不破坏违背自然，这是中国人讲究的和谐之道。因此“宣导川谷，陂障源泉，灌溉沃泽”是古人兴修水利最初的期望，利用天然的地势落差含蓄水源，因势而导，将中国人“天人合一，因地制宜”的设计理念展现得淋漓尽致。

留存久远是很多水利工程共有的特性，成都的都江堰、湖北的白起渠、安徽的芍陂……呈陂至今已有两百多年历史，依然在履行自己的使命。水渠之中的涓涓细流稳稳当当，不紧不慢，节节延伸，用自己的节奏灌溉万亩农田。直到今天，岚石村和岚田村的农田灌溉及村民生活用水仍然受呈陂的惠泽。呈陂是惠城古迹活的存在，和长城、龙门石窟、故宫相比，惠城的呈陂有着自己独特的风姿：一种是坚硬透出的巍峨雄壮，一种是柔和浸润出的秀美灵动；一种是后人的瞻仰和惊叹，一种是生命的孕育和延续。

| 马安 |

忠孝龙塘村

马安龙塘村

忠与孝背后的故事

南宋宝祐四年（1256 年），江西庐陵文家两位子弟共赴临安，两兄弟同登进士，长子文天祥登进士第一获取状元之名，次子文天球考取同科进士。一门两子同科进士，何等荣耀！而此时的南宋江山已是风雨飘摇，分崩离析。

德祐元年（1275 年），兄文天祥在江西赣州组织义军，起兵抗元，开赴临安。

景炎二年（1277 年），元军逼至惠州城下，弟文天球时任惠州府尹，举城投降。

景炎三年（1278 年），兄文天祥率军撤退海丰，在五岭坡被元将张弘范所俘，押赴

龙塘古庙外景

大都。

元至元十九年（1282 年），关押三年的文天祥拒绝降元为官，被押解至柴市刑场执刑，为民族捐躯，时年四十七岁。此时胞弟文天球已是新朝公嘉议大夫，同知广南西道宣慰使司事。

都说历史只有一个真相，但在流传中却容易被戴上各种掩饰的面具。当年文氏两兄弟，一个誓死不降，一个开城迎敌，兄长文天祥成为抗元将领，深受后人敬仰；胞弟文天球扮演历史罪人，饱受世人诟病。有人赋诗讽刺：

江南见说好溪山，兄也难时弟也难，
可惜梅花如心事，南枝向暖北枝寒。

一寒一暖，命运迥然。而文天祥的诗歌《闻季万至》被批判者引为讥讽文天球最尖锐的“证词”：

去年别我旋出岭，今年汝来亦至燕。
弟兄一囚一乘马，同父同母不同天。
可怜骨肉相聚散，人间不满五十年。
三仁生死各有意，悠悠白日横苍烟。

历史的真相为何？对于马安镇龙塘村的文氏后人来说，他们不想耗费过多的精力去判断、理清这些非此即彼的批判，他们相信故事的背后还有故事。

南宋祥兴二年（1279 年），陆秀夫背着 8 岁的小皇帝赵昺跳海，文天祥被押赴大都，弟弟文天球前来探视。两人牢中相视，一个旧朝宰相，一个当朝高官，生死各异，对于文天球降元一事，他自己是否做出了解释，文天祥又是怎样的态度，无从得知。然而，文天祥写给弟弟的诗《寄惠州弟》似乎揭示了一些真相：

五十年兄弟，一朝生别离。
雁行长已矣，马足远何之？
葬骨知无地，论心更有谁？
亲丧君自尽，犹子是吾儿。

南宋灭亡，高堂离世，文天祥希望胞弟文天球替本是长子的他尽哀痛之情，将一个儿子过继到自己名下，保全文家血脉，以便对祖先有一个交代。1281 年，文天祥写信给文璧过继给自己的儿子："汝生父与汝叔，姑全身以全宗祀，惟忠惟孝，各行其志矣……"文天祥以"孝"明确体谅、认可了文璧的选择。或许文天球的降敌本就是兄弟两人共同的抉择：一忠一孝，兄长为民族大义鞠躬尽瘁，弟弟为家族使命忍辱负重。文天祥死后，生前好友张毅甫负其夫妇骸骨归吉州，适逢家人亦从惠州护其母亲灵柩回归故土，文天祥遂与母亲妻子同日下葬。

立于龙塘村文天祥公园中心的文天祥雕像

龙塘村烈女庙内供奉着文天祥的女儿定娘与寿娘

六百多年的忠孝传承

六百多年的时光流转，二十九代人的香火传续，对一个族群的繁衍来说，这已是几个世纪的岁月洗礼，而对于一种文化的传承来说，是一种执着的坚守，是为后世发扬奠定的历史基础。马安龙塘村文氏村民身上流淌着抗元将领的血脉，他们低调地偏安一隅，始终恪守先祖文氏兄弟秉承的忠孝之道，用自己的方式演绎他们流传下来的精神。

奉先有祠，起居有堂。祠堂是氏族群体对祖先的敬奉，也是联系一个族群共同体的纽带。清康熙年间，文氏第十七世文绍球、文绍祥、文绍璋三兄弟从老围迁到龙塘村，在此开枝散叶，龙塘文氏支分三大房。康熙六十一年（1722年），三兄弟修建文氏宗祠，两三百年风雨侵蚀后，宗祠依然是村中最显眼的建筑。宗祠中厅外两侧墙上挂着文天祥的“忠孝”语，忠：“上事于君下交于友，内外一诚终能长久”；孝：“敬父如天敬母如地，汝之子孙亦复如是”。不忘祖德，不舍亲谊，自文天祥和文天球两兄弟之后，忠孝已深入文氏族人之心。

但凡有村，就少不了庙。文天祥举兵抗元时，长女文定、幼女文寿得知消息，于乱世中寻父，历经颠沛流离之苦，至连平县大湖镇三角村时，已是筋疲力尽、憔悴而逝。明朝皇帝为表彰文天祥父女忠贞护国，追封定娘与寿娘为护国仙神烈女，并在河源三角塘山麓建造古墓。2001 年以前，龙塘村的文氏村民想要到烈女庙上炷香，需要跑去河源。为方便乡民上香祈福，族人开始在龙塘村筹建烈女庙，得到乡民热烈响应，捐款 19 万元，烈女庙建成后，一直香火鼎盛。

七百多年前，一个朝代的更迭，改变了一个家族的命运，两种不同的抉择，决定了两个兄弟截然不同的道路。七百年后，从江西到惠州，从文天祥到文天球，斯人已逝，而忠孝长存。2007 年，龙塘村成立天祥助学促进会，对本村考取大学的学子予以助学奖金；2013 年，龙塘村筹备修建了弘孝堂，村里五保户居住其中；2014 年，龙塘村在村中文天祥公园塑立文天祥雕像，宣扬先辈精神。

龙塘古庙内景

龙塘古庙供奉谭公仙圣，“文革”时被夷为平地，重修时用回原来的门墩、柱础

公下村颜氏宗祠

马安柏田公下村

中国祠堂文化的源流与民族祖先祭祀制度的发展息息相关，立庙祭祖，在原始社会时期就已经出现。祠堂是宗族的象征，是物化的“宗法制度”。商代的宗庙制度、祭祀规则，周代的祭祖礼制，汉代的墓祠、庙祠，唐宋的家庙，明清时期修祠筑庙蔚然成风，形成“族必有祠”的局面。祠堂文化经过几千年的演化发展，逐渐从宫廷走向民间，从公卿士族走向庶民百姓，祠堂的功能逐步由祭祀祖先的单一功能向祭祖、议事、教化等多元化功能转变。

明清时期，祠堂文化显现出南北差异。南方社会稳定，经济相对繁荣，百姓更为富庶，各族祠堂修建进入鼎盛。在南方的广东省惠州市，广府文化、客家文化、福佬文化在这里杂糅并存，但不管是哪一种文化，“无祠则无宗，无宗则无祖”的准则，“族必有祠”是它们共同的文化要义。

在马安镇柏田公下村，修筑于清光绪七年（1881 年）的颜氏宗祠是惠城区宗祠建筑中很普通的一个。但在形制和功能上已经囊括了岭南宗祠建筑中所有的文化要素：三间三进、硬山顶、阴阳瓦、上部清水墙、下部花岗岩石墙、穿斗梁架……

颜氏源出有三：其一源于西周，出自曹姓、陆终之后；其二出自姬姓，是周公旦伯

三进格局的公下村颜氏宗祠

木雕与石雕

木雕与壁画

灰塑

禽之后；其三是他族改姓过来，如女真完颜氏。三处源流有两处发祥于今山东境内，因此马安镇柏田公下村颜氏宗祠内神楼对联“鲁郡启家声复礼归仁泗水群贤推弁冕，柏田绵世系春赏秋灼华堂万载荐馨香”是为印证。而祠堂大门姓氏联“复圣世胄，开国家声”中，“复圣”是指孔门七十二贤人之首，十哲之一的颜回（孔子为至圣，孟子为亚圣，曾子为宗圣，子思子为述圣，颜子为复圣）。元文宗封颜回为兖国复圣公，明朝嘉靖时罢封爵。祠堂中门过堂横悬“寿福福福福福寿”匾，号“五福同寿”，牌匾落款题“兵部侍郎漕运总督颜检恭承”，颜检是广东连平县客家人，清嘉庆二年（1797 年）进直隶总督、漕运总督，是颜氏家族杰出的清廉重臣，道光帝批复特准按“重臣”（一品大员）规格修建冢藏。

颜氏宗祠的上堂设神台、神龛，供奉颜氏先祖。祠堂是家族的中心，以血缘为基石，以亲情为纽带，保持着后人与祖先心灵的沟通，是连接后人与母体文化的血缘脐带。壁画，是宗祠建筑的另一大特色，是艺术的装饰与美化，更是家族的崇文和尚教。颜氏宗祠中壁画一部分为新画，绚丽的色彩，柔美的线条下，向族人传递出仁、义、礼、智、信美好品德的教诲。对于一个家族来说，先祖的开基创业是家族兴旺的基础，后辈的继承发扬是家族繁盛的希望，而祠堂是象征着祖先和家族后裔心灵的“长城”，是子子孙孙一条永走不完的家族兴盛之路，承载着家庙祭祀和家族教化的双重功能。

青砖灰瓦的颜氏宗祠，庄重古朴，雕梁画栋，整座建筑就是一件精致的工艺品

老屋片村吕氏宗祠

马安村新群村老屋片村小组

进入老屋片村，感受到从未遇到过的安静，不是闲适的寂静，而是凋敝的冷清。进村的道路两旁荒草萋萋，野猫来回穿梭，路边的民宅无人居住，墙角长草，墙头坍塌，屋旁上了年纪的龙眼树，果实也无人采摘，熟了又掉了。询问村中两位老人才得知吕氏宗祠的位置。宗祠静匿在一片山水画卷中，依山傍水，山岚一片苍翠，水面一方碧波，庭前的绿苔，厅堂的爆竹残屑告诉来访者，这里长久无人来访。

吕氏出自姜姓，以国为氏，始祖为伯夷。吕氏郡望包括河东郡、淮南郡、东平郡、金华郡、晋江郡，马安镇老屋片村吕氏宗祠题“东平世泽，北宋家声”，表明他们源出于山东东平县，两宋时期是吕姓发展的鼎盛时期，涌现出许多的吕姓政治家、思想家，从而大大提高了吕姓的影响力，也确立了其在全国的大姓地位。宋初编著的《百家姓》中，吕姓名列 22 位。

老屋片村吕氏宗祠长方形平面布局，结构对称，头进绿琉璃瓦当、滴水剪边，青砖清水墙，下部花岗岩石墙，檐柱皆属花岗岩方柱，门前五级垂带踏跺。第四、五进天井两廊六檩卷棚顶，穿斗式。

坐落于山野中的古祠堂，带着一个个家族的传奇故事

内部壁画多为山水人物、梅兰竹菊，诸如疏影横斜、五福吉祥、枫桥归帆、圣人贤士等，在装饰点缀的同时，又表达对富贵福寿的美好祈愿，和对族人后辈的谆谆教诲。

祠堂的一侧，保留着传统式样的民居已经无人居住，木雕精美细腻，已经风雨飘摇，石刻浑厚苍劲，难免残缺模糊。一对年幼的双胞胎兄弟看到陌生的来访者，忍不住倚在门边静静地窥视，他们的母亲告诉我们，这里的吕姓村搬出去的十有八九，自己很快也要搬走。离开时，低矮平房里走出来一位白发老人，无声地目送我们走出村口。这些年，就在同一个位置，她以同样的方式送走了一批又一批迁徙外地的吕氏后辈们。

如果说思想是文化的花朵，那建筑就是文化的外壳。外壳之下，浓缩的是一个家族在千百年来的迁徙、发展、兴盛过程中保留下来的最核心文化内涵：对祖先的景仰、对后辈的教育。因此可以说，祠堂是所有镇、村中最灵动的部分。在以血缘为坐标的宗族关系中，祠堂是尊祖敬宗的联结点。假如读懂了什么是祠堂，也就读懂了祠堂文化，乃至这一民俗文化的真谛。

祠堂中庭内景

古祠檐板上的木雕古朴典雅，繁复精致

古祠里精美的木雕

| 三栋 |

垂暮叹息老莲塘

三栋莲塘村

在一个夏日的午后，从惠城驱车前往三栋莲塘村寻找老莲塘围屋。进入莲塘村，仿佛走进了另一个世界，村道两旁均是绿色盎然，一条小河蜿蜒向前，错落分布的平房前面就是自家菜园，有老农于园中除草，小儿于院中玩耍，充满了怡然自得的乡村生活气息。

在当地村民的指引下，几经周折，终于找到了老莲塘围屋。屋前池塘一群水鸭在嬉戏，扑腾的翅膀拍打着水面，惊起一池涟漪，夏日的焦躁竟消失无踪。而眼前围屋的生命似乎变得鲜活起来。这是一座客家传统的四角楼建筑，四周外围墙体高筑，屋前有宽大的禾坪和半月形池塘，远处望去颇为壮观。四角楼为青砖清水墙，上筑墙帽，檐尾卷曲，檐下饰有狮、虎等灰塑。角楼外墙及四周围墙均设有枪眼，可见建造围屋的主人具有很强的防范意识。唯一一扇大门开于围屋正前方，券拱方框趟栊门，边框为花岗岩筑造，门上方刻八卦图形。从大门而进，四进院落的格局令人叹为观止，中间为祠堂，左右两边的房间共 108 间，内设有七大天井，八小天井，用于采光、通风和排雨水。在二进三进祠堂内，有祖上的名匾四张，为进士、贡生、正元、千总，可惜在远久的年代惨遭破坏。

围屋乃莲塘村李姓先祖景新公于清道光十年（1830 年）所建，至今已走过 186 个年头。据传李景新文武双全，颇得清政府赏识，后因平定动乱有功，得赏银万两，于是建造了祠堂。当时炮楼里设有六口大土炮、六支救火器、数十支长短火枪。在抗日战争时期，老莲塘围屋即使是地处乡村，仍经受了日本侵略者的炮火洗礼，见证了那段战火纷飞的艰苦岁月。1938 年 8 月的一个晚上，日军一小分队从淡水到惠州城，路过莲塘村时，向老莲塘围屋发射了 18 枚炮弹，有 4 枚炮弹击中祠堂。村民英勇还击，利用围屋地理优势和防御功能，和日军进行殊死战斗。经过近两个小时的顽强抵抗，最终击退了日军的

老莲塘围屋外观

堂屋两侧的房子坍塌殆尽，一片颓败之象

坚实的围屋外墙尚存完好，从墙上的众多枪眼足见主人防范意识之强

侵略。多年来，那些军火器械一直保存在祠堂里，直到“大炼钢铁”年代，全部被抬去炼钢。

战争的年代早已远去，围屋没有在敌人的炮火中倒下，却在和平的岁月里因久无人居住而逐渐陈旧破损。祠堂与外围保存尚好，但内部以土砖砌筑的左右两边的房屋坍塌殆尽，杂草丛生，久无人至。祠堂与四角楼的门窗、木构件等多已腐朽，但仍可见其中的雕梁画壁栩栩如生，保存着清代风貌。外围墙墙面亦有部分脱落，墙面开裂，外檐上还长出了绿色植物。

走出围屋，仍在为老屋如耄耋老人般垂暮而叹息。自建围屋至20世纪80年代初，莲塘村新楼全体村民均在老莲塘围屋居住，如今却腐朽破旧，空无一人。时代的脚步总是推着人匆匆向前，回首相望，那昔日被抛弃的家园是否还回得去。

余庆堂的明代围屋

三栋木沥村大井口

位于三栋镇木沥村大井口村民小组的余庆堂，为明代客家围屋，清代至现代皆有修葺，始建至今已有四百多年历史，为当地李氏的宗祠。

历代因文兴禄，一门多杰的现象不在少数，“木荣花艳长春色，子孝孙贤永世铭”，这种崇文尚德手足情深世代流传的愿景，正是这座名为“余庆堂”的明代客家围屋的优良家族传统的体现。

余庆堂占地面积约 2500 平方米，建筑面积 1247.4 平方米，围屋平面呈长方形，面阔五间，进深三进。围屋前有禾坪和半月形池塘，四角建两层角楼。围屋为两层砖木结构，硬山顶，阴阳瓦，砖墙承重。外围墙基以当地山石垒砌，其上五层高约 1.5 米，用较大的花岗岩石条砌筑，石墙上部为杂色清水墙。花岗岩方框券拱门，上饰圆形门簪一对，门簪上刻有寿字图案。设趟栊门，如今已无门闩。围屋东、北围墙和房屋，三堂及后左角楼建筑保存相对较好，中、下堂为现代新修。后右角楼仅剩外墙，前右角楼已由现住户改建，前左角楼无顶盖。其余房屋已基本坍塌。

中路三间三进两廊，三堂高约 9 米，为李氏祠堂。上堂无楼层，中堂分两层，上砌有岭南民居特有的镂空雕花围栏。中堂屏门横匾上书“余庆堂”。中堂到后堂的屏门门槛较高，正常成年人跨过去都略显不便，古代门槛的高低是身份地位的象征。

后堂后檐墙前设神龛，与一般客家围屋不同的是，神龛外观分三间三层，底为青砖砌筑，二层供奉祖先牌位，其上饰雕花栏板。最上层为镂空花罩，根据图案变化又可细分成两层，神龛距地面 3.2 米，后人放置香火和祭品需要爬梯子，这样的设计在一般客家围屋中是极其少见的。两龛柱下有覆盘式红砂岩柱础，置木柱櫍，柱为杉木，直顶屋檩。

从门槛到神龛，都可以感受得到主人身份地位的高贵，整个神龛庄严肃穆中透着盛气凌人的气势。

据李氏后人所说，他们的祖先曾当过高官，相传余庆堂花了十三年才建成，后来祖先的弟弟在广西也建了一座风格相同的宅子，虽说现在具体地点也无法考证，但从余庆堂里大量使用的广西杉木来看，这座建筑的建造者或许与广西有着千丝万缕的关系。虽然分居二地，但兄弟骨肉同气相连。神龛上“荆树有花兄弟乐，砚田无税子孙耕”的

余庆堂木匾

余庆堂外景

围屋前都有一个半圆形的池塘，远看就像倒映在地面上的半月，十分美观。这些池塘也是“风水塘”，池塘蓄水可荫地脉养真气，有养人蓄财的寓意

对联，寓意兄弟和睦家业兴旺，崇文重教，与大门上的“文丞武蔚”相呼应，从旁佐证了这宅子的主人应是官宦人家，书香门第。

据说抗日战争时期，村民集中在围屋之内，日军想入室抢掠，但因墙高门厚，又有角楼的防御，日军火烧刀撬皆未得逞，只得悻悻而去。

四个世纪的岁月蹉跎，没有磨灭余庆堂曾经的盛势，连同它处处传递着的崇文厚德、同脉同心的理念落地生根，关于余庆堂的老故事，只是掩盖在风尘里，等待后世去慢慢挖掘品读。

百岁牌坊，贞寿之门

三栋书房下村

牌坊作为中华特色建筑文化之一，是古代宣扬封建礼教、忠孝节义，标榜功德所立的建筑物。掩映在竹子和野草中的位于三栋镇书房下村村道边的“贞寿之门”牌坊，为市级文物保护单位，历经二百余年的风雨磨砺，在时光中淡退了原来的色泽，至今却仍屹立不倒。

这座牌坊是乾隆皇帝为表彰当地一位年过期颐的黄氏贞女而下旨建造的。该牌坊为四柱三门式样的石牌坊。由四条八角形石柱、九条石梁搭建而成，据《三栋镇志》记载，牌坊高 4.87 米，宽 5.32 米，中门宽 2.32 米，侧门宽 0.97 米。

中门分两层，上层石板前后两面的中间均阴刻“贞寿之门”四个大字，大字尺余见方，字体端庄秀雅。左右两边刻有小字：旌表处士张岳钟之妻黄民百岁晋一，乾隆五十九年甲寅吉日立。下层为八仙图，两只石麒麟分守左右两侧，活灵活现。侧门两层刻有凤凰、麒麟、龙、鲤鱼等代表长寿祥瑞的图腾，雕工细致工整，栩栩如生。

令人惊讶的是，整座牌坊的石柱、石板、石梁都是从整块石头上凿取下来的，中间没有任何断点。可见当时选料的讲究和工匠手艺的精巧。而且，每处接缝部位都没有任

贞寿之门百岁坊

百岁坊细部，栩栩如生的瑞兽

何辅助加固的器件，完全靠石头打孔相互咬合，利用榫卯的结构连接，浑然天成，稳固无隙。

经历两个多世纪的风雨侵蚀，牌坊正面的石刻有所腐蚀，但总的来说，“贞寿之门”建筑结构严谨，造型庄重，刻工精致，较为完整地保留了清朝的建筑样式，上边的石刻、图案、书法等，均反映了清代建筑的艺术特色，是惠州市现存较有代表性的清代建筑物之一。

因受御赐的黄氏百岁而故，故当地村民也习惯把牌坊称为“百岁牌”。据当地村民说，黄氏生下几个孩子后，丈夫去世。她寡居守节，含辛茹苦育儿成才，直到百岁高龄才过世。明、清两代，每逢太平盛世，朝廷常派出官员到各地查访烈女节妇的事迹，予以旌表或载于志书。黄氏的事迹正是被到民间查访的官员获悉，于是上报朝廷。黄氏的贞洁和长寿颇合封建道德所倡导的“忠孝节义”，于是，乾隆亲自下旨，建牌坊给予褒奖。

据说，牌坊顶上本来还有一层，刻有双龙簇拥的“圣旨”二字。但因年久失修，该石已掉落，目前保存在村里。以前，进出当地的主要道路就从牌坊底下通过，因为牌坊上有“圣旨”二字，经过这里的官员，无论官阶大小，都得下马落轿，恭恭敬敬瞻仰一番，然后才步行而过。

如今，虽因村道改道，牌坊渐渐被竹子野草包围，但仍有村民不时来拾掇牌坊，在这里上香祈福，祈求祖宗庇佑，平安长寿。

| 汝湖 |

仁英围，九牧传芳

汝湖南新村二坐头

围村指由石墙包围的传统中国村落，古时用以防御外敌、盗寇和猛兽，住在村落里的多是一个家族。位于汝湖镇南新村二坐（“坐”通“堂”）头村的仁英围，是一座保留至今的明代古围村。

仁英围坐北朝南，平面呈正方形，围墙边长将近 70 米，面积 4437 平方米。围墙南北两面中段开建门楼，南边正门券红砂石拱门，厚逾 1 米。门额有灰塑“仁英围”三字，字体圆浑流畅。两边灰塑楹联：仁里风起庆得乐土之所，英年万众同享上寿之徵。可以想象当年人丁兴旺一派祥和的景象。门上有阁楼，青砖砌筑，硬山顶，龙船脊，阴阳瓦，中间开一方窗，为防御和观察之用。围墙高 5.5 米，非砖石砌筑，而是直接舂墙到顶。与正门相对直走到底的是北门，同样的构造，阁楼为近代新修的关帝庙，仁英围虽早无人居住，但关帝庙仍充满香火气息。

围内中间为街道，连接南北二门，现存房屋不多，皆面街而建。右侧为林氏宗祠，左侧有一大晒坪。林氏宗祠并不大，从檐壁上的壁画和颜色仍然透着几许光鲜的匾额可以看出，重新修葺的时间并不久远。祠堂门前残余的红色炮纸和两处插着满满香火残梗的香炉，昭示着这个家族香火仍旺。

中国姓氏堂联文化是对祖脉源流的探索和追寻，更是一种对祖脉文化的尊崇和传承，蕴含着丰富的人文内涵。从林氏宗祠堂联“九牧流芳远，龙溪衍派长”可以得知，仁英围的先祖是从福建龙溪迁徙而来，为九牧堂林氏一族。

在封建社会，一些名门望族人才辈出，科第连绵，为世人称羡，遂以之为堂号。唐林禄第十六世莆田林披，于唐天宝年间授太子詹事，赠睦州刺史，由北螺迁居澄渚乌石（今析出莆田西天尾镇龙山村），有子九人，俱官居刺史（俗称州牧），门庭显赫，为世人

仁英围航拍全景图

仁英围门楼

敬仰，这支林氏遂以“九牧堂”为其堂号。

据现在仍居住在仁英围附近的林氏后人林爷爷所说，他们的先祖在明朝时期便从福建迁徙而来，本村林氏族人都说闽南语。所以仁英围在当地也被称为“围肚林”。

仁英围的围墙也与众不同，从外面围墙看上去千疮百孔的墙洞，正是古人“舂墙”时留下的痕迹。“舂墙”是一种古老的筑墙方式，即用泥土砂石来舂砌墙壁，又称“版筑”。它的原理是用绳子通过木棍缚住两块夹板，然后投砂土于板内，再以杵夯筑舂实。待墙体结实后，再将绳子和木棍抽出，于是墙面就留下一个个的小洞。过去莆仙（莆田县和仙游县）人家建造房屋就采用舂墙方式。这种夯土版筑的筑墙方式曾经流传了相当长的一段时间，直到近代才渐渐被砖墙取代。

莆仙文化以其独特的地理位置和人文文化，形成了鲜明的特色，龙溪林氏先祖把古闽文化传承下来，流传至今。这对于研究围村建筑和习俗文化颇具价值。

幽静空荡的围村街道上，偶有老人从中路过，得知我们宣传老屋古建，跟我们道声感谢和辛苦；围墙上一处圆形墙洞，猫咪在洞圈里悠然休憩，时光流逝，岁月变迁，都与它无关，躺在百年老屋的围墙上，安然入梦。仁英围虽已空无人住，然生命气息犹在，仿佛时光倒流，古今的时空融在一起，一派祥和。

仁英围内晒坪

仁英围围墙上的瞭望洞

仁英围后门

| 水口 |

李佛戴故居：巨商的豪宅

水口万卢村

四角碉楼，是客家建筑的典型之一，由传统围屋改建而成，在方形围屋的四角加盖炮楼。楼内高处设置了多个瞭望口、狙击口和铳眼，具有很强的军事防御能力。在惠州水口万卢村坐落着一座规模宏大的四角碉楼，在过去很长一段时间是当地人口中津津乐道的豪宅，而它的主人正是解放前的惠州首富李佛戴。

站在村道上，透过池塘后的一小片果园远远能看到碉楼的四个楼角，在周围的一片现代民居中非常显眼。房屋由青砖砌成，两进院落，主体是两层高的清末岭南风格建筑，四角碉楼楼体高大，比主体建筑高出一倍。角楼的外墙为青砖清水墙，坚固结实，楼顶融合了西式建筑的风格，在满足防御功能的基础上，也凸显出建筑的形式美。老屋始建年月已无从稽考，只知道当年李佛戴为了建好这栋房子，用料非常考究，为了保证每块

李佛戴故居，整体建筑保存完好

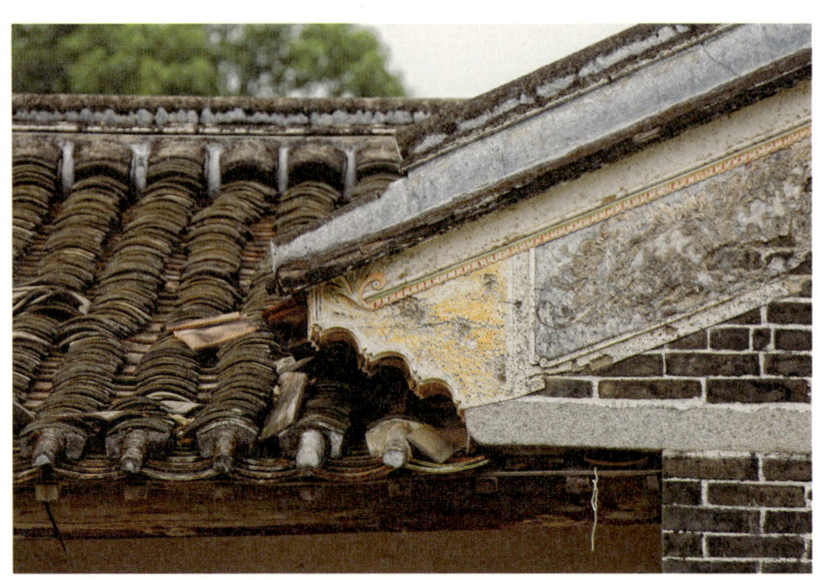

雕楼屋檐下的灰塑和壁画

砖的质量，规定烧砖时不能超过一定的数量，房梁门窗的雕花、墙体的壁画都要求精致。如此过了近百年，碉楼坚固挺拔如旧，在风云变幻中岿然不动；雕廊画壁依然保持着原有的风韵，仿佛在诉说着一代巨商当年的富庶。

在万卢村至今仍流传着“六戴”的传说。“六戴”即李佛戴，因在家族同辈中排行第六而得名。在那个战争纷乱的年代，仍挣得家财万贯，在当地人口中李佛戴是个传奇人物。李佛戴出生于清同治八年（1869 年），从小随父亲做农产品生意，深谙经商之道，生意越做越大，至宣统年间已积聚约值银十余万两家产。其父逝世后，李佛戴继承家业，联店经营东江中游两岸圩场主要农产品的收囤、运销。因其善于审时度势，做事机灵果敢，尽管当时战祸频生，却在同行竞争中脱颖而出，成为惠州商界的佼佼者。

20 世纪 20 年代，当时的广东军政领袖陈炯明与孙中山产生政见分歧后，其部长期据守惠州等地。1925 年春，为维持军需，军长杨坤如饬令李佛戴缴捐军饷四万块银元，李佛戴二话不说如数奉上。也因此被“委派”当了一任惠阳县长（为期三个月），一代商贾由此被推上政治舞台。同年 10 月，国民革命军东征胜利，陈炯明等逃往香港。东征军司令部派参谋持总司令蒋介石手令，命李佛戴两天内罚缴军饷五万块银元，并出资棺殓阵亡将士遗躯，李佛戴只好照办。一年内连损巨款，依然未能伤李佛戴的元气。

东征后，广东政局相对稳定，李佛戴在商场再现辉煌。在稳固原有生意市场外，还在广州开设商行，凭借雄厚的资金运转能力，李佛戴的商号开始发行“银票”，经营现金汇兑业务，流通区域遍及东江两岸。十几年间，李佛戴已成为举手投足之间就能影响东江流域市场农产品流通的惠州巨商。万卢村的四角碉楼正是在这期间建起来的。

抗日战争爆发后，李佛戴不得不转移资金在香港和越南置业，并移居香港。随着日军侵犯范围的扩张，李佛戴在国内和海外的资产损失殆尽。1942 年，73 岁的李佛戴在万卢村崭新的豪宅里辞世。

解放后，老屋被征用，成了部队的住所；随后有二十年一直作为水口中学的校舍。直至 1995 年老屋才回到了李氏后人的手中。如今，久无人居的豪宅终究抵不过岁月的侵蚀，失去了当初的华丽与骄傲，豪宅已呈颓败之态。青砖墙布满青苔，灌木亦凭其发达的根系攀附在墙角，迎风肆意地摇曳。新旧事物的撞击下，剩下的只有一个世纪的落寞与守望。

惠州水口万卢村四角碉楼。李氏家族的碉楼融入了西方建筑风格，别具特色

| 小金口 |

江倩墓

小金口白沙堆村

南宋德祐元年（1275 年），元军南下，饶州城破，已入古稀的南宋贤相江万里投止水以赴国难。新朝初定，距饶州数百里的浙江鄞县，江倩秉承先祖江万里遗风，不臣二姓，自鄞县南下播迁惠州，隐居罗浮山。这里曾是两宋仕人被贬的“蛮荒之地”，却成了江倩栖身隐居的偏安之所。江倩逝后，其子将他葬在白沙堆，临近广惠古道，这条官

位于白沙堆的江倩墓

墓前刻有石狮子的石望柱

驿道路曾经车水马龙，商旅往来如织。谁曾想，生前静匿于罗浮山的江倩，逝后却在这繁华古道受世代后人顿首敬仰。

江倩墓现位于惠州小金口镇白沙堆村，长 12.6 米，宽 7.6 米，明万历三十五年（1607 年）重修，湖广按察使兼理都御史李公焘题墓表，都察院右佥都御史周公光镐撰墓志铭。清嘉庆四年（1799 年）复修，博罗县知县曾于墓后立有保护碑记，墓碑、墓表、墓志铭现保存完整。墓碑上的撰文斑驳可辨，有一联："龙真穴的千年盛，水秀山明万载兴"，横额为"绩若凝香"。墓前有石望柱一对，柱上石狮雕刻精细，小巧玲珑。

2011 年 10 月，一千七百多名江倩后人从广州、河源、江西等地齐聚惠州白沙堆村，让这个小村落从沉寂中惊醒变得热闹非凡。这些江姓后人，相隔万里，或许素未谋面，互不相识，却因为一个共同的姓氏，同一条血脉，供奉同一个先祖而相聚于此，成了一个打破时间和空间的社会共同体。这正是中国独有的宗族体系的特色，是社会关系连接的纽带。在中国人的信仰体系里，对祖先的崇拜，既有宗教的纯粹，也夹杂着世俗的诉求，后人在坟前，神龛燃起的青烟和内心默念的祈祷，传递给已逝祖先的不仅有无限缅怀情愫，也有对现实功利的诉求。江氏后人费尽心思为祖先寻求"龙真穴的"，让逝者长眠于"水秀山明"，除了体现对先祖的敬畏，难道更多的不是为了求得江氏后人"千年盛""万载兴"吗？

现在，江倩古墓已经成为市级保护文物，它不仅仅是江氏后裔对先祖的记忆符号，也是所有惠州人认识这座城市的一张历史名片。从身赴国难的江万里，到不臣二姓的江倩，再到历经数百年风风雨雨依然保存的江倩墓，一定会在时间的奔流中愈发显示它历史的厚重。但这一方矮矮的坟墓，会不会也像身旁穿越的古道一样，退出历史的视线？像已经荒芜的白沙堆村落一样，被挤出现代城市的空间？毕竟这里已经人烟稀少，毕竟人迹罕至总是与没落荒芜相依相生。

1907 年 6 月 2 日上午，陈纯、林旺、孙稳等人在**七女湖**上庙杀了十几头猪就地砌灶烹煮，派人到圩内和乡村通知乡民到**上庙会餐**，号召人们起义推翻清廷。附近村民“**斩木为兵，揭竿为旗**”集结响应。

第三章

近代历史印记

东江浩气

北宋年间，惠州贤太守陈偁建设西湖，并最早定义“惠州八景”，其中的“野寺岚烟”指的是鳄湖边上丰山之下的永福寺。丰山原本名迹甚多，古神霄宫、永福寺、无寿院、文昌阁、清惠阳书院皆在此，山左有平远台、湖山揽胜亭，山前有归云洞、菩萨泉，其中最有名的是永福寺。

永福寺始建于唐朝贞观年间，是惠州最负盛名的一座寺院。苏东坡寓惠期间，与永福寺住持相交甚厚，北宋绍圣二年（1095 年），长老募建寺中海会殿，苏东坡为之作《海会殿上梁文》并“助三十缗足，令起寝堂”，又募资买寺旁水陂（即今天鳄湖）筑池放生。

丰山公园山顶的牌坊

丰山公园山顶的烈士纪念碑

纪念碑后弧形的东江革命浮雕墙

苏东坡因“野寺岚烟”超尘脱俗的意境，为永福寺和丰山题下“万山第一”。然而，这些名迹都随岁月的流逝而湮没了。抗日战争时期，永福寺遭日军焚毁，“野寺岚烟”不复存在，后永福寺“乔迁”红花湖畔，旧址现在仅存古菩提树一棵。丰山公园建成后，丰山从此告别“野寺岚烟”而进入“丰山浩气”的新时代。

近代以来，以惠州为中心的东江地区人民积极参与革命斗争，辛亥革命之后，先后有一批先进青年知识分子成为早期共产党员，东江地区的工农运动如火如荼，并出现了中国第一个县级农会——海丰总农会。1925 年，东江地区成为国民革命两次东征的战场，东征胜利后，周恩来主政东江。东江各地农会会员达几十万人，组织农民自卫军 3 万多人，工会组织近百个，工会会员几万人，党员发展到 4000 多人。抗日战争中，中共东江党组织领导东江人民开展敌后游击战，创建了东江纵队等人民抗日武装，开辟了东江抗日根据地。解放战争时期，东江党组织和革命武装力量开展游击战争，组建中国人民解放军粤赣湘边纵队，积极配合南下大军解放广东全境。据不完全统计，东江地区在新民主主义革命时期为革命事业而牺牲的共产党员和革命者有 1.8 万人之多，其中有彭湃、阮啸仙、刘尔嵩、张善铭等一大批著名共产党人。

1983 年，惠州举行东江纵队成立 40 周年纪念大会。翌年，当时惠阳政府决定在惠州建造一座东江革命历史公园，即丰山公园。公园正门入口处，十多米宽的麻石台阶直通山顶，山顶处有一座麻石雕凿的三门四柱式牌坊，匾额刻“东江浩气”四个大字。穿过牌坊是纪念广场，广场两侧各有三尊 1986 年设立的花岗岩人物雕像，分别刻画了虎门销烟参与者、同盟会成员、东江工农革命军战士、中国工农红军战士、抗日战争女战士、解放军战士。与牌坊相对的广场另一端竖立的正是东江人民革命烈士纪念碑，碑名为聂荣臻元帅所题。碑身高 16.7 米、宽 1.8 米，底座宽 6.4 米，塔碑底座刻有铜铸楷书，讲述着东江地区人民从鸦片战争到中华人民共和国成立期间对革命的贡献。纪念碑后为弧形的东江革命伟业浮雕墙，墙上嵌入“虎门销烟”“誓覆清廷”“东征奏捷”“捍

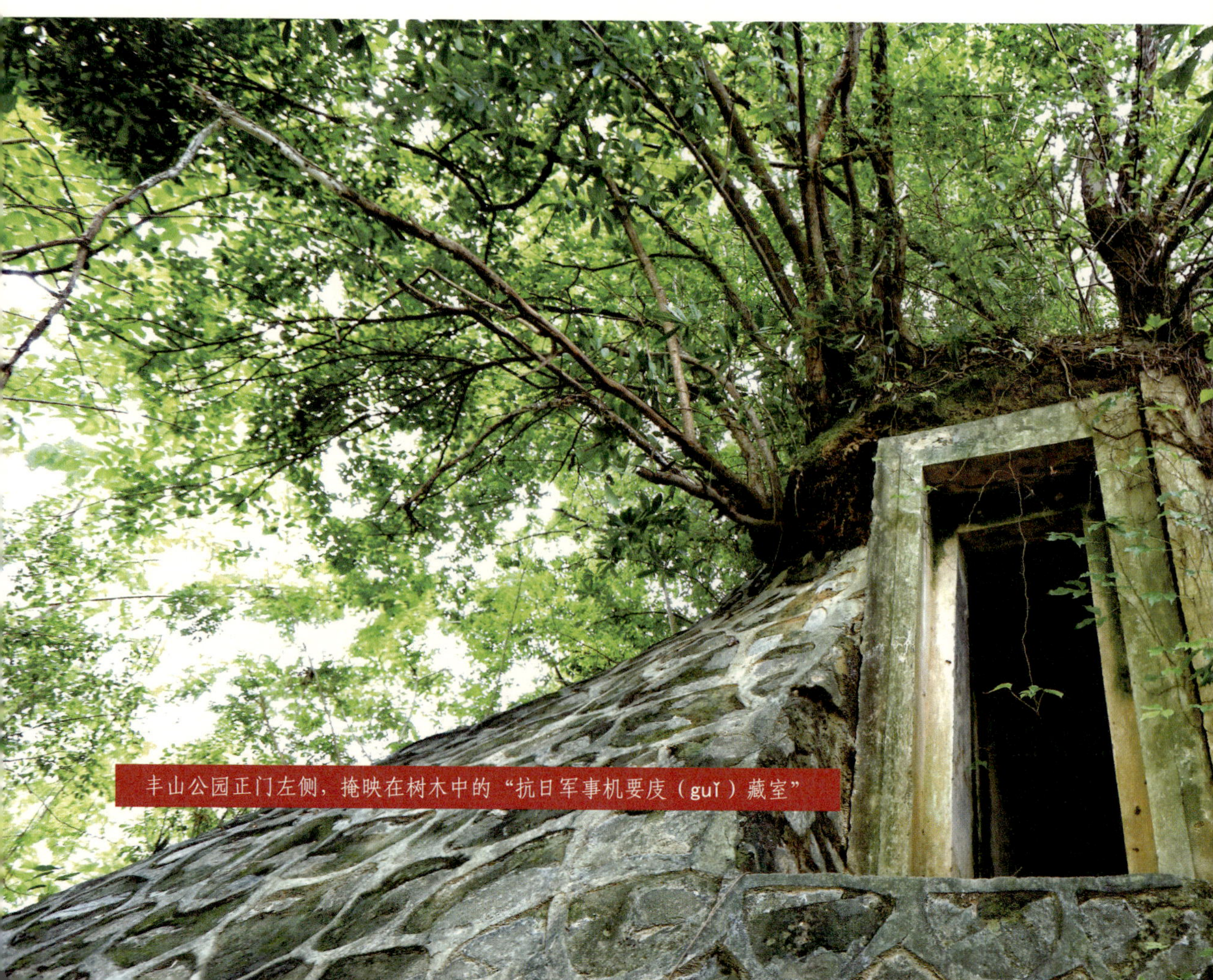

丰山公园正门左侧，掩映在树木中的“抗日军事机要庋（guǐ）藏室”

卫苏区”“抗日烽火”“解放凯歌”六幅铜铸浮雕。在公园正门左侧有一处抗日军事机要庋藏室，是最新版的《惠州市志》中收录的仅有的两处国民党军队抗日旧址之一。

如今，丰山公园已成为惠州市爱国主义教育基地之一，每年都有数以万计的人到此缅怀革命先烈。那高耸笔直的纪念碑也在时刻激励着后人不忘初心，勇往直前。

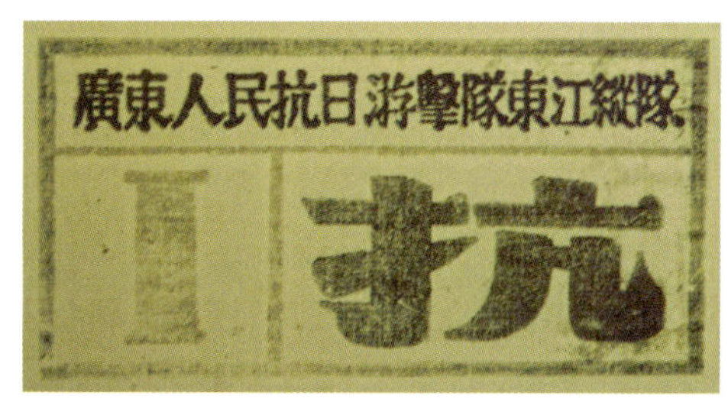

惠州市博物馆收藏的东江纵队胸章

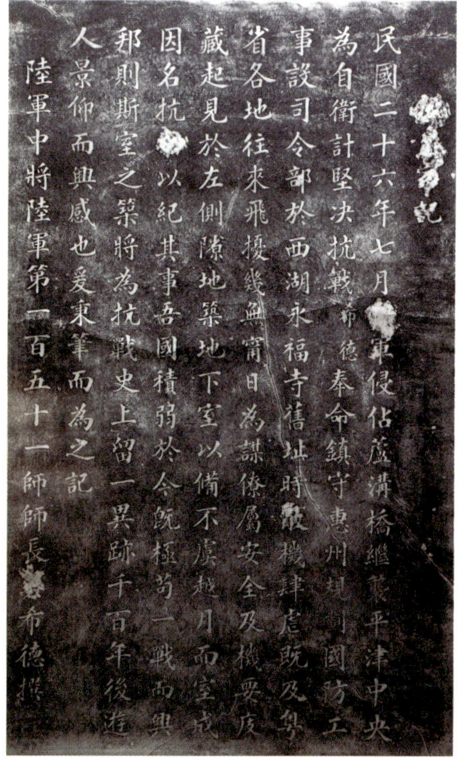

□□□記
民國二十六年七月□軍侵佔蘆溝橋繼蔓平津中央
為自衛計堅決抗戰希德奉命鎮守惠州規劃國防工
事設司令部於西湖永福寺舊址時□機肆虐既及粵
省各地往來飛擾幾無寗日為謀僚屬安全及機要庋
藏起見於左側隙地築地下室以備不虞越月而室成
因名抗□以紀其事吾國積弱於今既極苟一戰而興
邦則斯室之築將為抗戰史上留一異跡千百年後遊
人景仰而興感也爰東筆而為之記
陸軍中將陸軍第一百五十一師師長□希德撰

莫希德撰《抗日室记》碑拓本，原石镶于庋藏室室壁。1941 年，日军第二次侵占惠州，将碑文中的“日”“敌”“莫”三字凿掉

七女湖起义

汝湖上庙

在汝湖镇一直流传着一个美丽的传说，相传天上七位仙女思慕凡间，偷偷下凡游玩，在汝湖地域流连忘返，天帝得知后震怒，派天将来捉拿，七仙女宁死不回，化作七个湖，人们便把这里叫作“七女湖”，后改名为汝湖。而七女湖的闻名，不仅因美丽的传说，还因为其在近代革命史上留有轰轰烈烈的一段历史。

1905 年，以孙中山为主导的中国革命同盟会成立后，在南方发起多次反清武装起义，计划先取南方，再北出长江，把反清火种撒向全国各地。1907 年 3 月，孙中山策

丰山公园中的七女湖起义浮雕

七女湖起义旧址汝湖上庙

划在广东发动潮、惠、钦、廉四府一同起义，惠州七女湖起义作为其中一部分，由邓子瑜谋划主持。就在钦、廉抗捐税起义队伍遭镇压而溃散之际，许雪秋领导的潮州黄冈会党起义，于5月22日凌晨仓猝爆发了。邓子瑜得知黄冈起义猝发，即命陈纯等人在惠州响应。

1907年6月2日上午，陈纯、林旺、孙稳等人在七女湖上庙杀了十几头猪就地砌灶烹煮，派人到圩内和乡村通知乡民到上庙会餐，号召人们起义推翻清廷。附近村民“斩木为兵，揭竿为旗”集结响应。义军与清军鏖战十余日，相继攻克了泰美、杨村、柏塘等地，时义军两百多人，在水口、横沥、三径、蔗埔等处，攻势甚锐，所向披靡，不久又在八子爷打败清营管带洪兆麟。归善、博罗、龙门各处纷纷响应，声势大振。而后黄冈起义失败，惠州起义军孤立无援、弹药匮乏，宣布解散。

汝湖上庙是一座很普通的庙宇，只有一进大殿，三百多平方米，里面供奉的是玄天上帝。据庙宇的看管人员介绍，上庙始建于宋朝，距今已经有八百多年历史。1938年，上庙遭到日军焚烧。在众多乡亲父老合力资助下于1942年得以修复，翌年庙中房屋被用于办学，直到1966年改为汝湖卫生院，“文革”中被拆。2002年汝湖卫生院搬走，上庙重建。旧址尚存大量的古建筑材料，大门边的两个石墩是从建庙时一直沿用至今。此外，尚存传宋湘手书木刻对联的下联“北阙思流七女湖”，上联“南天瑞启三尊地”已佚。

上庙前面的空地上是一棵树龄逾百年的古木棉，屋后是一株五百多年树龄的古榕。在两棵古树的环抱下，雨后的环境越发清幽。那段轰轰烈烈的革命历史已渐渐远去，而当年起义军祭旗宣誓的高台，仿佛仍回响着慷慨激昂的起义宣言，那种不屈不挠、顽强拼搏、无私无畏的革命精神一直激励着后人。

廖仲恺故居

陈江幸福村陶前村

1925年8月20日，廖仲恺先生下车向国民党中央党部大门走去，准备参加党内会议。突然从石柱子后面冲出七八个人，举枪一阵猛烈射击，廖仲恺连中四枪，倒在血泊中。此时，廖仲恺四十八岁，为心中奋斗的自由和民主流尽了最后一滴血。

1925年11月6日，何香凝女士回到陈江镇幸福村，在廖家旧居二十多平方米的屋地修筑起先夫衣冠冢，竖立纪念碑。村民们这时才知道，从这个偏僻小村走出去了这样一位伟人，在外面做着改变中国的命运的大事，可他死后却没能“回家”。今天，九十多年风雨后，中国的命运早已改变，当人们想起这个革命先驱的时候，就会想起他曾经居住过的地方，就会想起这个偏远安静的小村落。

廖仲恺（1877—1925年）

廖仲恺书法

廖仲恺故居所在的幸福村是惠城区一个山清水秀的小山村，这里的村民以杨姓为主，廖氏一族是从外地迁来，祖父廖景昌在村中务农，家境清贫，父亲廖竹宾年轻时便漂洋过海去了美国旧金山谋生，廖仲恺在美国出生，16 岁时回乡读私塾，三年后离开家乡去了香港读洋学，便一直没回来过。但对幸福村而言，廖仲恺是民族的英雄，也是幸福村的自豪，他曾经的居所，留下的衣冠冢是幸福村的财富，保存和维护它们，是幸福村对这个乡亲的职责和承诺。

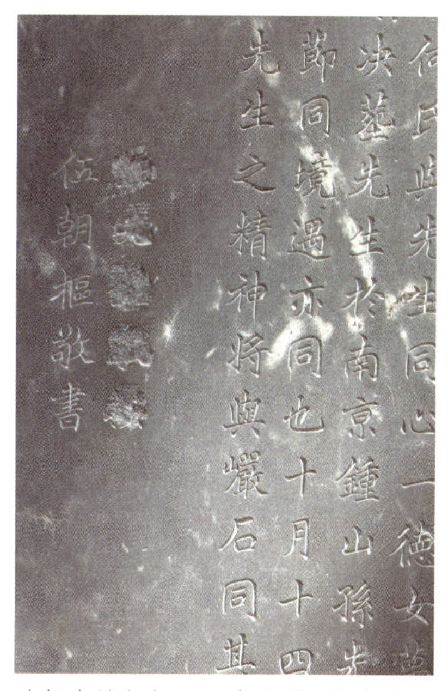

鸭仔步村尚存 1925 年立碑，撰文者汪精卫的名字抗日战争后被剜掉

廖仲恺故居原址上的衣冠冢

烽火遗迹

龙丰鹅岭西路

惠州，孙中山革命生涯中的一个重要驿站，在他为推翻清王朝前仆后继的十次武装起义中，曾有两次发生在惠州。三洲田起义和七女湖起义中幸存下来的东江弟子，后来发展成粤军的骨干，成为孙中山国民革命时期主要的军事力量。

武昌起义后，在东江举义攻占惠州的陈炯明，拥有广东纪律最严明、战斗力最强的一支起义军，这也是当时广东唯一的真正从属于同盟会的军队。经过辛亥革命与二次革命，陈炯明逐渐成为孙中山的亲密战友。然而，二人因为政见及民主理念的不同，在护法运动之后渐行渐远。

1923年9月23日，孙中山在飞鹅岭亲自发炮轰击惠州的陈炯明部（据1986年《孙中山先生画册》）

飞鹅岭公园入口处石壁上的“鹅”字，取自苏轼《荔子丹碑》，其中“我”字“戈”法不取钩，而是一泻而下。结字率性，温厚中出险辣，得气得势，美不胜收

1922 年 6 月 16 日凌晨 2 时，陈炯明麾下的叶举率部四千人围攻总统府，孙中山避走永丰舰，电召各军讨伐陈炯明。经过半个月的鏖战，滇桂粤联军攻克广州。在直系军阀和港英当局支持下，陈部叶举、洪兆麟进入惠州城，设总司令部于百花洲。尽管吃了败仗，但陈炯明的力量仍很强大，蛰伏惠州伺机反攻。

为了统一广东，肃清陈炯明盘踞在东江的势力，1923 年 7 月孙中山亲赴石龙督师进攻困守惠州城的杨坤如。数月内，孙中山曾四次奔赴惠州梅湖、飞鹅岭诸阵地视察，部署攻击惠州城。经历反复的拉锯战，到 1924 年春，孙中山因改组国民党和建立黄埔军校，对陈炯明无暇进攻。直至 4 月 19 日，滇桂粤联军再攻惠州，激战十多天仍无法攻下，但这时陈炯明部叶举与林虎争权夺利，相持不下，而叛军也无力再向广州发动大规模进攻。

孙中山讨伐陈炯明的惠州之役，是 1925 年东征的前役。作为中国民主革命的伟大先驱，孙中山一生经历过无数次艰难险阻，但他愈挫弥坚，奋斗不止，面对民国初年军阀割据、社会动荡的现实，孙中山对革命受挫的原因进行了深刻反思，逐渐悟出了解决中国前途命运的路径，进而在 1922 年下半年至 1923 年初基本确立了“联俄、联共、扶助农工”的三大政策。

1925 年 1 月，广州革命政府以留守广州部队和黄埔军校学生军约 5 万人，组成东征联军讨伐陈炯明，取得第一次东征的胜利。1925 年 3 月 12 日，孙中山在北京逝世。1925 年 9 月，陈炯明余部约 35000 人，趁东征军由潮汕回师广州平定杨希闵、刘震寰叛乱之机，复据东江地区，妄图进占广州。国民政府挥师第二次东征。

1925 年 10 月 1 日东征军由广州出发，沿东江两岸向东疾进，10 月 10 日当天抵达惠州。惠州古城自宋代以来从未被攻破过，13 日上午 9 时，东征军全面攻城失利，伤亡惨重，蒋介石主张改道东进，而周恩来力主攻城。飞鹅岭作为东征军的炮兵阵地和战略据点，周恩来亲临阵地实地查看。当时除飞鹅岭炮兵阵地外，还在西湖泗洲塔所在的小山上设炮轰击朝京门。翌日下午 4 时，东征军历经 30 个小时的攻城战斗，以牺牲官兵 241 人的代价攻下惠州城。

飞鹅岭上由聂荣臻元帅在 1989 年 4 月题词的“国民革命军东征战士”石雕。聂荣臻曾任黄埔军校政治部秘书

随着“天险”惠州城的攻克，东征军乘胜东进，于 11 月上旬取得第二次东征的完全胜利。1930 年 3 月，黄埔军校在惠州五眼桥北侧战地旧址建立东征阵亡烈士纪念碑，原碑高约 5 米，由碑座和碑身两部分组成，周围以炮弹模型作围栏，炮弹间以铁链相连。碑座四周镶嵌四块石碑，前为黄埔军校校长蒋介石手书“精神不死”，后刻黄埔军校教育长林振雄题字“气壮西湖”；碑座左、右两侧用青石刻此役牺牲的黄埔军校烈士英名。该碑解放初被毁，1992 年因黄埔军校同学会提议，在五眼桥东侧依原碑稍加放大重建纪念碑。

1928 年，为纪念孙中山鞠躬尽瘁，死

望野亭始建于清同治末年，宣统年间被毁，1924 年复建。1925 年东征军攻克惠州城后，于 10 月 16 日在望野亭前召开军民联欢大会和追悼阵亡将士大会，蒋介石、周恩来及苏联顾问罗加觉夫等参加了大会

1983 年，惠州市政府重修望野亭，著名书法家秦咢生题写匾额

中山公园内“东征遗址”碑

而后已，致力国民革命的精神，“惠州第一公园”改名为“中山公园”。1937 年，在公园内修建孙中山纪念堂，纪念堂在抗日战争中被日机炸毁，后以赈款修复。解放后，惠州市人民政府对中山纪念堂进行过多次修葺，1964 年将黄公柱所题的“孙中山纪念堂”六字阴刻匾额依原字样改为阳刻。纪念堂平台前矗立的孙中山铜雕像为 1986 年所立，铜像底台四面为三洲田起义、七女湖起义浮雕，如今正门处又增建了博爱牌坊，上阳刻“天下为公”四字，牌坊两侧各置汉白玉石狮一尊。身临惠州中山公园，肃穆感油然而生，或许这就是“先驱传史”的教化作用吧。

林振雄题“气壮西湖”碑，今藏于惠州博物馆内

飞鹅岭上“黄埔军官学校东征阵亡烈士纪念碑”

中山公园新建的“博爱”坊，在明万历初曾是“岭东雄郡，梁化旧邦”牌坊，新中国成立初期被拆除

“中山纪念堂”匾额为惠州人黄公柱所题，原匾阴刻，新中国成立后改阳刻。黄公柱曾任国民革命军总司令部作战参谋、汉阳兵工厂少将厂长，是革命家秋瑾的女婿

中山公园内的“中山纪念堂”

陈炯明史料馆

江南紫薇山

鄂湖边的一个小山坡，有座建成不久的仿洋建筑——陈炯明史料馆，它的浓浓民国风与山上杂乱的民居显得格格不入。在西湖风景区中，这是一个被冷落的景点，它背后的山岗上，长眠着一位曾经叱咤中国政坛的枭雄。他由惠州淡水举义登上历史舞台，一度开创“惠州人的广东”，他与孙中山决裂后，在广东苦战三年，最终以惠州易手为标志被逐出历史舞台。他带着失败者的遗憾归骨惠州，连同“联省自治”的理想，被世人遗忘在紫薇山下。

陈炯明史料馆是一座二层建筑，馆内陈列了陈炯明家世与早年生活、参与晚清革命、督粤与反袁、漳州护法、讨桂治粤、兵变与兵败、创建中国致公党七个部分。展厅虽然

全国首座陈炯明史料馆，于2015年在惠州落成

简约，但史料丰富，图文并茂，简明利落。徘徊在这座小洋楼里，历史的风烟就在面前漫卷，近代的烽火又再熊熊燃起。窗外就是陈炯明的墓地，历史与现实在此交错，与对面丰山上高耸的东江人民革命烈士纪念碑相比，高约三米的陈炯明碑亭显得很不起眼。当年国学大师章太炎题碑名时，不写名“炯明”而题字“竞存”，这是陈炯明 28 岁入读广东省政法学堂时所取的字，源于“物竞天择，适者生存”。

创刊于 1905 年的《时事画报》，是革命派创办的第一份画报。这是该报 1921 年刊出的陈炯明肖像

1878 年 1 月 13 日，陈炯明出生于惠州府海丰县联安白町村（今属汕尾市海丰县联安镇白町村），这天陈父考中秀才的捷报传到家中，双喜临门让他喜不自胜，于是给儿子取乳名“捷”，希望儿子未来捷报频传。二十年后，继承父志考取秀才的陈炯明，目睹清廷对外腐朽无能，对内残酷镇压，在书斋写下“鼠骨未烧炉有恨，龙头不斩剑无功”的诗句。1900 年 10 月，惠州三合会首领郑士良受孙中山指派，在归善县发动三洲田起义，海丰洪门会众千余人在大嶂山响应，因错失起义时机，遭到清军围剿。庚子惠州首义失败了，这极大地刺激了正在惠州游学的陈炯明，他愤清廷之残酷腐败，终于走上图谋民主的革命道路。

1911 年，同盟会的第十次起义在广州失败，延续了二百六十多年的大清帝国也行将就木。革命胜利的前夜，流亡香港

陈炯明墓，墓碑上“陈竞存先生墓”由章炳麟所题

陈炯明

唐继尧

陈演生

1925 年 10 月 10 日，在旧金山举行的洪门第四次恳亲大会上，决定以洪门致公堂为基础，正式成立中国致公党，选举陈炯明为创党总理，唐继尧任副总理

的陈炯明结识了小自己六岁的精神导师刘师复。刘师复是一个狂热的安那其主义者。安那其主义就是无政府主义，奉行无政府、无宗教、无家庭，各尽所能，各取所需，老有所养、幼有所依，百姓互助合作，没有贫穷，也没有剥削。刘师复的描绘，成为日后陈炯明漳州新政的根本思想。陈炯明构筑了他“自治、联省、联邦”的三大步骤，他以后的政治生涯都与这紧密相关。在陈炯明的努力下，漳州成为全国首善之区，闽南二十六县被时人誉为“闽南的苏俄”。陈炯明这颗中国的政治明星，也成为广东百姓翘首盼望的救星。因此，陈炯明才能以弱胜强，一举荡平广东全境。

近代中国曾有一个梦想，在当年可谓轰轰烈烈，如火如荼，它就是萌芽于晚清的地方自治。陈炯明是 1920 年“联省自治”运动的倡导者，他与湖南的谭延闿、四川的刘湘、东北的张作霖一样，都寄希望于开辟第三条道路，在南北对立中夹缝求生。但自治最后成为军阀割据的借口，加剧了黩武主义盛行，间接造成民不聊生。将陈炯明推下深渊的“六一六”兵变，其实蕴含着历史的必然。集权与分权，中央与地方，统一与分离，孙中山与陈炯明之间的矛盾变得不可调和了。辛亥革命虽然结束了封建帝制，但中国又陷入内战纷起的乱局，陈炯明凭借军事实力掣肘北伐，他的“联省自治”与孙中山统一中国的理想南辕北辙，这对革命同志分道扬镳只是时间问题。

《中国统一刍议》书影

与陈炯明决裂之后，孙中山为去除北伐后顾之忧，挥师讨伐陈炯明。1923年至1924年，孙中山两次亲征惠州，终因城高墙厚久攻不下。被围城半年的惠州，居民食不果腹，饿殍遍野，惨不忍睹，孙中山顾及惠城百姓，不得不下令撤军。陈炯明遂重整武力反攻广州，在几年的拉锯战中，孙中山意识到不彻底打垮陈炯明，广州政府将永无宁日，而依靠滇桂军阀也不可能打败陈炯明，更别说统一中国，这促使孙中山走上了联俄联共的道路。国共合作的成果，就是彻底端了陈炯明的老巢——惠州。

1926年，陈炯明兵败隐居香港，在穷困中写下《中国统一刍议》，阐述了他的乱世中华联邦梦。在生命弥留之际，他嘱咐身后归葬惠州紫薇山，这曾是他打算建“西湖医院”的地方。1935年4月3日（农历三月初一），陈炯明任广东省省长下令禁烟的日子，寄存香港东华义庄已超过半年的陈炯明灵柩终于移葬惠州。

陈炯明墓园曾因山上广布紫薇树而闻名，过去墓前绿草如茵，周围遍植南洋大杉，一条石阶松径直通山下埠头，那一湾深而清澈的绿水连通鳄湖，远眺归舟凉风习习，幽静空旷。“文革”中碑亭虽然幸存，坚固的墓冢、墓亭只被敲掉一些边角，但守墓室和妻黄氏墓却被荡平，长子陈定夏的墓碑也不知所终。20世纪80年代之后，紫薇山上的房屋像雨后春笋，一年年扩建起来，最终满布紫薇山，将陈炯明墓团团包围。出于对历史的尊重，惠州市于2012年对墓园进行全面修缮，除对墓冢、碑亭进行修复，还恢复了墓前广场及墓园陈列室、管理房、雕塑台。炽炽炎夏，象征和平幸福的紫薇花又开了，它告诉我：他们曾经来过！

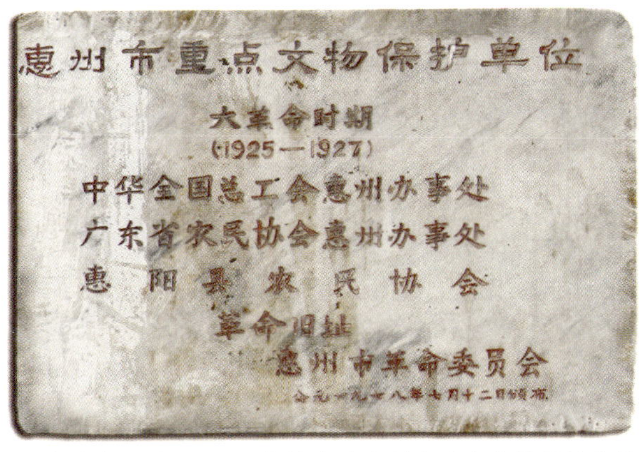

工会农会旧址于 1978 年被定为惠州市重点文物保护单位

丨工会农会旧址丨

桥西都市巷 13 号

位于惠城区桥西都市巷内，一处不起眼的老屋，竟是重点文物保护单位——工会农会旧址。在 20 世纪 20 年代，这里是都市巷 9 号，解放后重新编排标示成 13 号。

这是一座典型的四合院式房屋，坐东向西，青砖瓦房，中间有一天井，四面高墙，据资料记载，此屋共 8 房 2 厅，面积约 300 平方米。因外门紧锁，无法入内，只能透过铁门栏杆看到里面一副木质的屏风。老屋原是何氏兄弟 1925 年购买的民宅，还没入住就让给国民革命军作为东征军留守惠州的办公场所，一直用到 1927 年。

1925 年 10 月，为彻底消灭盘踞在东江的军阀势力，广东革命政府决定进行第二次东征，攻破了自宋以来号称“天堑”的惠州古城，收复东江。惠州的工农运动随之蓬勃发展。惠阳县农民协会、广东省农民协会惠州办事处、中华全国总工会惠州办事处，于 1925 年 11 月至 1926 年 9 月相继成立，办公地址设于此。

当时工人备受欺压，生活艰苦，思想上没有自觉的政治要求，处于散漫状态。1925 年 10 月 26 日，当惠州第一个工会组织——理发工会成立时，工人们找到组织，积极投入到工人运动中争取自身利益，成为以后工人运动的中坚力量，并带动了惠州其他行业的工会相继成立。

1925年11月16日，惠阳县农民协会在惠州成立，一时间，农民协会成为社会上最有影响力、号召力的群众组织。为了进一步巩固农民协会组织，实行统一领导，次年1月，广东省农民协会惠州办事处成立，协助惠阳县农民协会整顿内部组织，使农会组织日益巩固。

1926年1月，全国总工会决定在惠州设立中华全国总工会惠州办事处，办事处成立后，积极开展工人运动，领导基层工人为切身利益而斗争，不断取得胜利。同年9月，成立惠州总工会。在开展工人运动的同时，工会还注意与农民兄弟的团结战斗，密切工农关系，增强工农团结，壮大革命力量。

1927年蒋介石发动“四一二”反革命政变。广州国民党当局对共产党和革命群众进行血腥镇压。4月16日，地委书记以及农会、工会干部共17人被逮捕，都市巷9号办公地址也被查封，工会被迫解散，中共革命骨干被迫转移阵地。但大革命时期惠州工农运动为以后的革命斗争打下坚实的基础。

工会农会旧址，见证着工农运动的光辉岁月，具有重要的历史意义。为纪念革命先烈，向群众进行革命传统教育，都市巷13号于1978年成为惠州重点文物保护单位。

工会农会旧址外观

东湖旅店

桥东上塘街

在惠城区桥东上塘街，一座名为“水东院子”的中西结合的青砖洋楼，仿古清水墙内竟是咖啡馆、琴行、造型屋、影像室的文艺聚落。在闹市街区中，这样一座风格特殊的建筑自然引人瞩目。而它的前身，就是在抗日战争时期香港秘密大营救中扮演着重要角色的惠州接送站——东湖旅店。

东湖旅店原主人翟雨亭，是民国时期的惠州名绅，1935 年举家从福建回迁惠州，抗战爆发前，他购置了桥东东湖塘边 1000 多平方米的荒地，建造了一幢当时惠州最早的 3 层中西式豪华洋楼作为私家别墅。1938 年 10 月惠州沦陷后，当地酒店旅馆无法复业，翟雨亭顺应潮流，把自己的洋楼改成了东湖旅店。

1941 年 12 月 8 日，香港沦陷。随即日军封锁香港至九龙的海上交通线，实行宵禁，并大肆搜捕抗日分子、爱国民主人士和文化界爱国人士，这批文化界人士和爱国民主人士有 800 余人，他们中部分人因揭露国民党当局消极抗日、积极反共的方针，而受到政治迫害，才举家搬迁到当时处在英国统治下的香港。

为了保存抗战的有生力量，在周恩来的领导下，八路军驻香港办事处、广东人民抗日游击队、中共南方工作委员会组织开展秘密大营救行动。东江游击队自接到这次秘密大营救任务后，从 1942 年 1 月 5 日开始，迅速组织被营救人员分批从香港秘密过海，由武工队员将他们护送到港九抗日游击队交通站，然后又分东西两条路线再将他们送往东江抗日根据地。

在整个营救路线中，惠州作为抗日物资和人员转移路线上的中转站，发挥着重要的作用。而在惠州交通站的选址问题上，时任中共惠阳县委组织部长、年仅 22 岁的卢伟如展现了过人的胆识和决断。香港沦陷后，回内地避难的人多通过惠州作为中转，惠州旅店业一时兴旺。而作为装潢高档的东湖旅店，自然也常常客满为患。后来，人称“东江杀人王”的国民党惠州军区最高军事长官和行政长官张光琼包下了东湖旅店三楼的房子，所有人对此畏惧三分，敬而远之，所以旅店的一、二两层没人租住。而卢伟如恰恰以香港某公司经理的身份包下了东湖旅店二楼整层作为秘密交通站。于虎穴之内，在敌人的眼皮底下，借着灯下黑暗度陈仓。这场惊心动魄的大营救，后来被茅盾评价为“抗战以来最伟大的抢救工作”。

由时任八路军香港办事处主任廖承志指导营救掩护战略，从香港筹集了煤油、布匹、医用品等许多紧缺的物资，又安排善于经商的廖安祥协助卢伟如经营起洋行。这样既可以为地下工作筹集资金，又为交通站作好掩护。卢伟如等利用进出之便，通过商业往来，应酬宴请，和张光琼等一大批国民党军官建立了良好的关系，也使他们放松了警惕，这为后来开展营救工作创造了许多有利条件。

营救工作从 1942 年 1 月起，包括柳亚子、何香凝、邹韬奋、茅盾、夏衍、张友渔等著名爱国民主人士和文化界人士在内的百余人，在香港党组织及广东人民抗日游击队舍生忘死的掩护下，冲破日军和国民党顽军的重重哨卡，安全地从香港先后抵达广东人民抗日游击队控制区，并分批转移到内地。

大营救以生动的事实，书写了共产

过去的东湖旅店经过重新装修，成为今日的“水东院子”

水东院子内部尚保留民国时期装修风格

成为文艺聚落的水东院子，内部装修充满文艺气息

党人和游击区军民在万分困难的环境中，肝胆相照，生死与共的史实。香港秘密大营救惠州接送站，为争取最广泛的社会人士参加抗战和赢得抗战的胜利，做出了史诗式的贡献。

七十多年过去了，东湖旅店旧貌不再，但它的名字，仍承载着在那一段抗日烽火岁月里不可磨灭的红色记忆。

秘密大营救中的亲历者

1907 年，孙中山领导惠州**七女湖起义**，年仅 12 岁的**邓演达**受到了极大震撼。1909 年，邓演达报考**广东陆军小学堂**第四期就读，由于聪明好学，深得革命党人**邓仲元**器重，将其秘密吸收为**同盟会**会员。

第四章
遇见历史熟人

晚清才子江逢辰

晚清才子江逢辰

在西湖丰渚园内，“映日荷花别样红”的东坞荷香区中，立有一座荷花亭，此亭于 1915 年初建，后重修，是为纪念以孝悌闻名的晚清才子江逢辰而筑，又名“江孝子亭”。

江逢辰（1859—1900 年），字雨人，又字孝通，号密庵，清归善县城花园围（今桥东）人，祖籍新安县大步涌（今深圳宝安区沙井街道步涌村）。清光绪十五年（1889 年）恩科乡试中举，光绪十八年（1892 年）中进士，官户部主事。“一自坡公谪南海，天下不敢小惠州”的经典名句让他为人所熟知，但在他短暂的一生中，除了才情，他的孝义同样为后人所称道。

江逢辰自幼受优良家风的熏陶，清贫的家境没有使他退却热情求学的脚步，他勤奋刻苦，在进入当时粤东地区最高学府的丰湖书院之后，因聪颖好学，很快得到了时任院长梁鼎芬的赏识，后随梁鼎芬入广州广雅书院学习。在广雅书院期间，结识了梁启超等名士，之后又受梁鼎芬举荐，与其一同成为两广总督张之洞的幕僚。

科举入仕之后，江逢辰任户部主事期间虽没有多大建树，但他为官刚正不阿，忠良清节。随着甲午战争的爆发，《马关条约》的签订，江逢辰厌恶官府的腐败无为，对山河破碎又痛心疾首，终乞归故里，结束了短暂的游宦京师的生涯。

返乡之后的江逢辰，专注于诗词书画的创作，著作颇丰。他生性放逸，喜好山水，文词瑰丽，留世作品除了诗作还有多处山水名胜的石刻，后人辑成的《江孝通先生遗集》存诗 17 卷，另有《孤桐词》和《华鬘词》两卷，共收词 209 阕。这是目前所见惠州人最早的一部词集。梁鼎芬评价其“行尽江山见此才”。

光绪二十四年（1898 年），戊戌政变失败，支持康、梁维新运动的江逢辰在友人劝说下避难于台山赤溪。在赤溪被聘为遵义书院山长，此间，他逸情山水，倾才授教，人生价值得到了真正的体现。

但或许是天妒英才，江逢辰的一生可谓多舛。在赤溪没多久便得知母亲病危的消息，江逢辰遂匆匆赶回惠州照料。他性至孝，“侍母疾，号泣露祷，形神俱瘁”。不久，母亲病逝，他在山上搭草棚守孝三年，“冬不裘，夏不帐，哭无时，夜不睡”。由于长时间的风餐露宿，郁郁寡欢，江逢辰回家后一病不起，光绪二十六年（1900 年）闰八月七日，

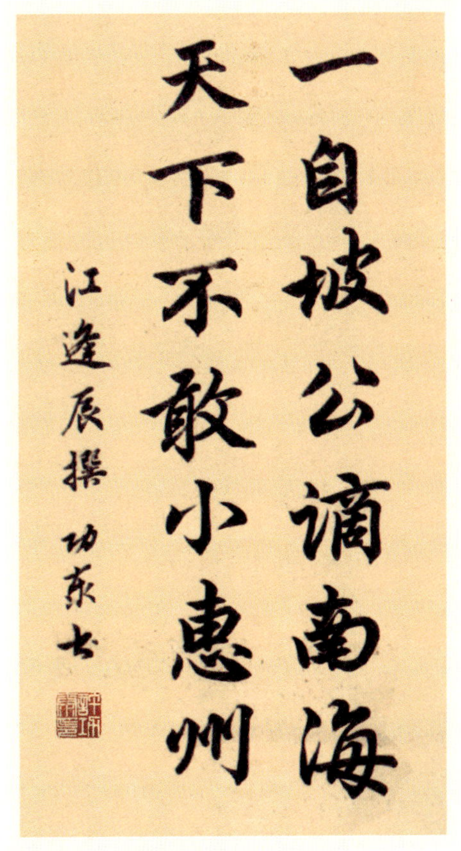

江逢辰经典名句

丰渚园荷花亭，又名“江孝子亭”

终不治而卒，时年41岁。

因家境贫寒，逝后由亲友草葬于鳄湖紫薇山南坡，立孝子阡。其好友梁志文作诔文哀悼，言辞恳切，满溢悲痛之情。同为“丰湖十子”的李绮青“每记居庐呜咽语，至今遗恨泷冈阡”，更是道尽了对这位英年早逝的江孝子的惋惜。江逢辰墓因墓制与平常百姓无异，20世纪因紫薇山开发，墓碣被埋于黄土之下再难寻觅。

“山色空濛若有无，青枫四面水平湖。麻衣策杖归来夜，谁绘凄凉孝子图。”如今在丰渚园文昌阁内，陈列有江逢辰生前的诗词作品，以及一座“江逢辰孝母图”屏风，墓虽难寻，神归丰渚。幸得湖山一隅为其留名，才让他孝感四方的事迹为后世所传颂。

张友仁肖像

张友仁与梅花馆

桥西金带街五巷 7 号

到金带街寻梅花馆是在一个雨天，顺着五巷中的指示牌，走进一条不足一米宽的巷道，撑着稍微大点的伞也只能打斜前行。穿过曲折狭窄的小巷，终于得见一栋两层高的青砖老屋。

房屋已有些破旧，墙上已长满青苔，大门两侧分别立有半米高的新石碑，刻有“梅花馆”几个大字及其简介。走进梅花馆，厅后是一个天井，天井右侧一排红砖台阶通往二楼。二楼走廊的镂空围墙已有破损，部分墙面开裂，楼面铺着条形木板，走在上面咚咚作响。走廊一侧有水泥楼梯通向阁楼。二楼门楣上拱形的装饰仍清晰可见，显示出典型的中西合璧风格，看得出曾经很洋气，只是破裂的墙缝和掉漆的木屏风却难掩颓败。

在梅花馆中，我们遇到了 70 多岁的杨婆婆，据她讲述，房子原来的主人张友仁是她的亲戚，而现在住在梅花馆的人都与张友仁有些关系。张友仁，近代方志学家，惠城区桥西金带街人士，出生于清光绪三年（1877 年）。清末贡生，后于两广师范简易科毕业后，历任惠城、博罗、文昌等地中小学教员、校长。1911 年，在惠州化名“张夏”，加入孙中山成立的中国革命同盟会。辛亥革命后，历任海丰县长、福建龙溪县知事、东

江财政局长、广东省公路处长等职。1926 年在香港加入致公党。其修撰的《惠州西湖志》为世人所称赞。

梅花馆不仅是张友仁的祖居，也是抗日战争时期东江华侨回乡服务团（简称“东团”）的活动旧址。抗战时期，因地理位置重要，惠州成为各种抗日支援团体的活动地之一。1939 年 4 月，由南洋惠籍华侨成立的“东江华侨回乡服务团”团部从淡水迁来惠州，团长叶锋找到了张友仁，张友仁热情接待并安排“东团”成员到金带街梅花馆家里住下。在长达一年多的时间里，将梅花馆让给“东团”办公与住宿。当国民党当局迫害“东团”

张友仁故居——梅花馆

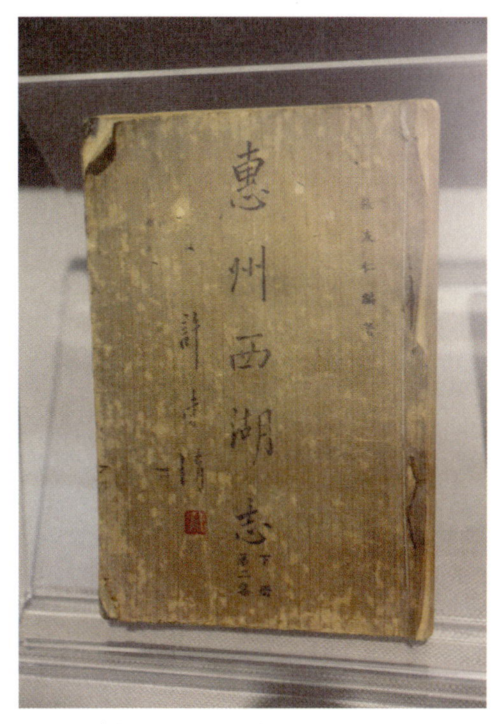

张友仁修撰的《惠州西湖志》

时，张友仁不惧恐吓，把“东团”的“两才队”队员安置到自己的别墅，积极营救副团长刘萱等人脱险，保护了“东团”。

而后梅花馆遭日军轰炸，破损过半，张家花了近两年时间才修好。当时的梅花馆很是豪华。屋前原来有个100多平方米的大院子，院里种许多花草树木，大门两侧各种有一株腊梅，梅花馆因此而得名。院子左右两侧各有一个很大的方形金鱼池。后来，院子的草木和金鱼池相继被毁，两侧加建民房，院子只剩狭窄的空间，住户也只能通过一条小巷进出。如今，深巷里的梅花馆在风雨中依然挺立，只是梅花馆已无梅花。

杨坤如（1884—1936年）

杨坤如的将军第

汝湖水苑村

汝湖水苑村，低矮平房中矗立着一对高大碉楼，围墙里是中国传统风格的青砖瓦房，碉楼高三层，青砖砌至屋顶，有明显的防御功能。庭院大门楼非常气派，但墙壁上几条裂缝让它显得岌岌可危。瓦房墙壁上的灰雕依然精美，正门门框以麻石条砌成，上方还有一块雕刻精致的木雕。院落前面和左侧各有一方水塘，这块风水宝地的主人，便是粤军名将杨坤如。

杨坤如，在惠州是个家喻户晓的人物，这位绿林出身的好汉，曾是陈炯明麾下一员猛将。1923年，孙中山与陈炯明决裂后，滇桂联军奉孙中山之命攻打惠州，驻守惠州城的就是杨坤如率领的第六军。两年间面对滇桂联军的两次围城，杨坤如率部死守，他作战殊勇，使联军战术无法施展，让惠州城内的百姓避过掳掠之灾。坐镇洛阳的吴佩孚闻报，以北京政府名义褒奖杨坤如二等文虎勋章。

杨坤如这只“文虎”确非浪得虚名，当年惠州城虽然几经困守，但社会治安良好，杨坤如常不带警卫独自一人出街，便装斗笠于城中无人不识。惠波楼是府城最负盛名的

杨坤如故居内装饰讲究的门楼

茶楼，杨坤如是这里的常客，他的行踪被联军侦悉，有一天中午他正在楼上饮茶，联军突然开炮轰击惠波楼，茶楼被炸毁一角，伤了几个茶客，楼中一时大乱，东家与客人争相奔逃，而杨坤如却从容端坐楼中，饮茶如故。

战局安定下来后，杨坤如也附庸风雅，学着文人雅士在惠州西湖挂上自己的作品。他托请远在北京的前清进士李绮青替他作一副对联，自己写好挂在百花洲。对联写道："何时解甲归锄菜，特地偷闲为看花。"然而，1925 年 10 月，国民革命军第二次东征再取惠州，血战三日后破城，杨坤如负伤逃往香港寓居，直到 1936 年夏天病逝，他也没能实现解甲归田的夙愿。

杨宅的两座房子共用一个大门，瓦房和碉楼之间有小巷相通。瓦房有些像四合院，中间有天井。两座碉楼虽然壮观，但已没有楼板和屋顶，只剩下四面墙，碉楼高处的外墙长了几棵小树，树梢和墙角成了鸟儿筑巢的好地方。从依稀的墙角线可知楼板的大概位置，每层楼都开有小窗，每个房间外墙还设有枪眼，可居高临下对房屋四周及瓦面进行监护，有防御入侵的功能。房屋下半部分是夯土墙，有些地方高度超过两米，夯土筑墙不怕外人挖墙脚，同样也具防御功能。瓦房先于碉楼修建于清末，碉楼则应该是民国时建成。

这所曾经风光无限的将军宅，如今却沦为废品堆放场，屋内外堆满了旧塑料和废铜

杨坤如故居航拍图

烂铁。附近住户大多是外来务工人员，说不出这房子的主人是谁，只知道是个“土匪头子”。碉楼旁边有一间红色的小瓦房就是杨氏宗祠，左右对联“弘农世泽，清白传家”。杨家三个儿子中，杨坤如排行第二。村里老人说，以前故居里有一个很大的花园，现在没有了。解放后，杨坤如故居被当地政府接管，成了生产队仓库和牛圈。到 20 世纪 80 年代，房子才还给杨家人。原来楼房的屋顶是没有塌的，有一年小孩放烟花引起火灾，因为屋顶的水泥板里面没有钢筋，仅靠木梁来支撑楼板，大火将木梁烧掉，屋顶也就塌了。

邓演达（1895—1931 年）

铁血丹心邓演达

三栋鹿颈村

三栋镇鹿颈村是一个名不见经传的小村庄，没有奇山，没有秀水，却因邓演达而闻名。1895 年，邓演达出生在鹿颈村，并在这里度过了童年和少年时光。如今，鹿颈村仍保留着邓演达的故居。那是一座典型的客家民居，由邓演达的父亲邓镜仁于 20 世纪初所建造，乡人都称之为“新屋仔”。

到了 20 世纪 80 年代，经过几十年岁月摧残的“新屋仔”已成老屋，岌岌可危，于 1986 年进行了一次大整修。“新屋仔”重修如故，是一座两百多平方米的四合平房，建筑为砖木结构，共六间两厅，白墙灰瓦，朱红色的大门，正门额上嵌“邓演达故居”五字。里面的布局也根据邓演达亲人的回忆进行了改动。故居的东侧兴建具有客家民居风格的邓演达陈列馆，现邓演达陈列馆及故居内基本陈列品达 236 件。陈列馆前宽阔的广场中央，是三米多高的邓演达铜像，他身着戎装，含笑挺胸，英姿焕发，宛若当年心怀壮志、无畏无惧的邓演达。

1907 年，孙中山领导惠州七女湖起义，年仅 12 岁的邓演达受到了极大震撼。1909 年，邓演达报考广东陆军小学堂第四期就读，由于聪明好学，深得革命党人邓仲元器重，将其秘密吸收为同盟会会员。1911 年辛亥革命爆发时，邓演达与学校同盟会会员一起，受命参加黄花岗起义，但未及执行命令，起义便告失败。10 月，武昌起义爆发，邓演达随陆军小学学生参加了潮汕之役、宿州之役，并随广东北伐军向苏皖挺进。此后十年间，邓演达辗转广东陆军速成学校、武昌陆军第二预备学校、保定陆军军官学校学习。在保定陆军军官学校毕业后，于 1920 年春参加了孙中山在南方建立的国民党武装力量援闽粤军第一师，从此成为孙中山先生的积极追随者。

1924 年，国共合作。邓演达积极协助孙中山创办黄埔军校，孙中山拟委任他为教练部副主任，兼任学生总队队长。在学校里，邓演达与共产党人周恩来、聂荣臻、叶剑英等密切合作，此后逐渐成为国民党左派的核心人物和共产党的亲密战友。邓演达在军校的盛名和对国民党右派的批评，遭校长蒋介石猜忌和排挤。邓演达以革命大局为重，于

邓演达故居，乡人称之为“新屋仔”

1924 年 12 月辞去军校职务，赴德国柏林求学。

孙中山病逝、廖仲恺遇刺后，国民党右派越发嚣张。邓演达忍痛放弃学业，1926 年 1 月 1 日回国参加国民党第二次全国代表大会，并当选为国民党候补中央委员，受命为黄埔军校教育长，同年 2 月被委任为黄埔军校改组筹备委员。3 月，“中山舰事件”的爆发令国共合作破灭，邓演达挺身而出，与蒋介石斗争，遭软禁。蒋介石又以明升暗降的办法，改任他为国民革命军第一军政治部主任兼潮州分军校教育长，将他调离黄埔军校。1926 年秋，身为国民革命军司令部总政治部主任的邓演达率军攻打武昌城，苦战四十天，攻克武昌，取得北伐战争关键性的胜利。邓演达也因此一战成名，人称“攻城总司令”。

1927 年 2 月，邓演达等人在武汉组成行动委员会，与搞分裂活动的蒋介石进行斗争。蒋介石发动“四一二”反革命政变后，通缉邓演达。6 月，邓演达辞职赴欧洲游历考察。

1930 年 5 月，邓演达回到上海。8 月 9 日召集各地代表举行了第一次全国干部会议，正式成立“中国国民党临时行动委员会”，即中国农工民主党前身。他一面策划军事倒蒋，一面主编《革命行动》半月刊，撰文揭露和抨击蒋介石集团以及帝国主义和封建势力。1931 年 8 月 17 日，邓演达在上海英租界愚园坊讲课，因叛徒陈敬斋出卖，被蒋介石逮捕，旋即解往南京。同年 11 月 29 日，邓演达被秘密杀害在南京麒麟门外沙子岗，时年 36 岁。

这位从鹿颈村“新屋仔”走出来的民主革命政治家，一生都在为反独裁的民主革命奋斗，为民众谋取幸福生活披荆斩棘，虽然英年早逝，短暂而辉煌的一生令人不甚惋惜，但他的革命功勋会永远被人们所铭记，他的英风浩气将一直传承下去，催人奋进。

位于三栋鹿颈村的邓演达纪念园

1926 年 10 月北伐军攻克武汉三镇后，时人评论“邓演达三字已成为中国革命黄金时代”的象征。这是邓演达纪念园中再现血战武昌城的历史场景

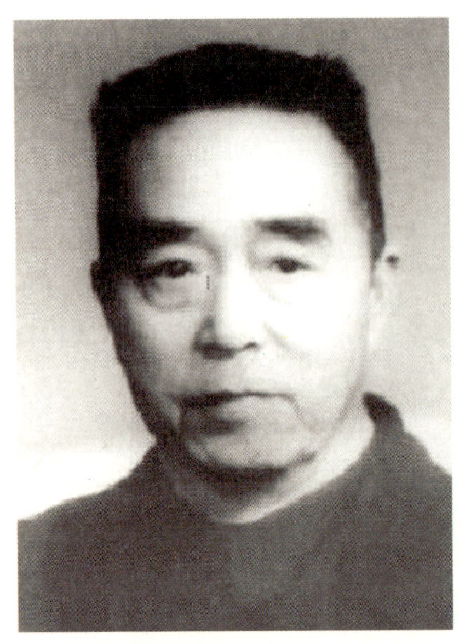

廖尚果（青主）像

青主编写出版的音乐美学著作《乐话》

| 青主：余事作曲人 |

1920 年夏天，青主与友人在雷鸣暴雨中划着小艇到湖中作冒险之游，精神上受到很大振奋。当他回到住所后，听着外面风雨和松涛声，思量一夜后，坐在钢琴面前，将苏东坡的《念奴娇·赤壁怀古》的词句略为修理一下，随即写出了曲谱《大江东去》。《大江东去》开创了中国“艺术歌曲”的先河，深受歌唱者们的喜爱，至今仍是专业音乐院校的必唱曲目及音乐会的保留曲目。

青主是中国近现代音乐史上著名的作曲家和音乐美学家，但其毕生为中国民主革命而奋斗，曾为辛亥革命、新民主主义革命作出重要的贡献。其志愿在于经邦济世，真正从事音乐工作只有六个年头。青主原名廖尚果，1893 年出生于惠州市桥西朱子巷，自幼受教于其父的先进思想知识，十七岁考入广东黄埔陆军小学堂。1911 年，武昌起义打响辛亥革命第一枪，廖尚果与同学取道香港转赴潮汕，参加攻打潮州府衙门的战役，亲手开枪击毙了潮州知府陈绍棠。由于战功卓著，廖尚果还获得了银质军功章，并于 1912 年被广东省政府选派到德国留学，进入柏林大学法学系学习。留学时，廖尚果利用闲暇时间选修了钢琴、作曲和哲学方面的课程，在音乐研究方面造诣颇深，其间创作了后来的经典曲目《大江东去》。

1920 年，廖尚果获得柏林大学法学博士学位，两年后归国。1923 年，孙中山在广东组织大元帅府，廖尚果曾任大理院推事。邓演达任黄埔军校教育长后，廖尚果跟着进了黄埔军校，任校长办公厅秘书。1926 年 7 月，邓演达就任北伐军总司令部政治部主任，廖尚果也调去当总政治部秘书。后来总政治部随军向北推进，廖尚果因其德籍夫人刚到广州，语言不通，需就近照料，留在广州总政治部后方留守处。

1927 年 4 月，蒋介石发动反革命政变，大肆清除共产党，廖尚果被列入了国民党政府通缉的名单。幸得其黄埔陆军小学堂的同学和黄埔军校的同事李济深的“保护”，才得以逃脱。10 月，广州起义失败，廖尚果只得隐姓埋名，改名“青主”，开始了自称“亡命乐坛”的生活。1928 年，青主在友人的资助下，由胞弟和堂弟出面，在上海经营一间以出版乐谱为主的“X 书店”，出版了他的作品《大江东去》《清歌集》等，引起了很大反响。“X 书店”于 1929 年倒闭。此后，青主在老同学萧友梅的掩护和帮助下，任上海国立音乐专科学校教授，并担任校刊《音》及学术刊物《乐艺》的主编。他在《乐艺》上发表的著译和作品共有六十多篇。还编写出版了两本音乐美学著作《乐话》和《音乐通论》，以及他与夫人合作的歌曲集《音境》等。1934 年，经蔡元培等人的多方努力，国民党政府取消了对廖尚果的通缉令，青主才得以恢复原名廖尚果并公开露面。此后，青主也基本上脱离了音乐界，以教书终老。

短短六年多的时间，青主音乐著作颇丰，但他从年少时便志不在此，古人是“余事作诗人”，而他算是“余事作曲人”。青主虽非音乐专业出身，从事音乐工作也只有短短几年，却成为 20 世纪上半叶中国音乐历史上影响重大的作曲家，在音乐理论上也取得了重要成就，是我国近现代史上最早的音乐美学家之一。如今青主已逝，但他的《大江东去》必将会一直传唱下去。

书坛泰斗秦咢生铜像

| 书坛泰斗秦咢生 |

广东多地名胜常见书坛泰斗秦咢生题刻。秦咢生，中国著名书法家、印学艺术家、中国书法家协会理事，秦派书法创始人。生于1900年，于1990年九十岁高龄辞世。原名寿南，字占循，号路亭，惠州惠城区桥西姚屋巷人。历任广东文史馆副馆长、中国书法家协会广东分会主席等。

秦咢生在书法、印学、诗文上皆有造诣，被称为秦氏三绝。秦咢生从事书法艺术活动70余年，初学赵体，后上溯钟、王、魏晋碑刻、秦汉金石，融冶百家，甲骨、金文、篆、隶、楷、行、草诸体俱所擅长，行书尤为突出。秦咢生自学成才，博采众长又自成一家，创一代刚劲雄浑又流丽婉秀的秦派书风，在南粤书坛上影响深远。

秦咢生书法以行书见长，以“爨体”名世，其行书集碑帖之所长，拟《爨宝子碑》，气势磅礴。爨体为秦派的主要特色，用笔多变，聚散有致，古朴奇巧，不拘一格。

秦咢生自小家贫，15岁便到当铺当杂工。但他雅好诗书，才艺早闻于乡里。在当学徒的几年里，他白天做工，晚上苦练书法。店主见他写得一手好字，每至年终，便要他写两三千副春联出售。财由主得，艺从中长。正是这几年的刻苦研习，为秦咢生以后的诗书造诣皆打下了坚实的基础。

1933 年，秦咢生被聘为中山大学教授黄元彬的助手。在此期间，他博览群书，畅游学海。曾为省建设厅厅长、主任秘书等代笔官僚社交应酬文书，不论婚丧庆吊、生子升官，或是吟风弄月，都能以不同文体、书体应对，游刃有余。1956 年被聘为广东省文史馆研究员，不久被聘为馆员，专门从事文史、书法、篆刻研究工作。1964 年，广州文史夜学院中国文学艺术系聘秦咢生主教书法专业，秦咢生学识渊博，教法得宜，兢兢业业，广栽桃李，今粤中书坛骨干，多出其门。1986 年，任省文史馆副馆长，中国书法家协会理事、中国书协广东分会主席。著有《秦咢生行书册》《秦咢生自书诗》《秦咢生手书宋词》、印集《秦咢生石头记》等。“一角芳洲明点翠，半椽书屋把留丹”，如今西湖点翠洲上的“生书屋”，陈列的正是秦咢生捐献给家乡人民的书作。

“闻道有先后，术业有专攻”，然艺术本一家，秦老通诗书印三者之妙，融一脉气韵，不愧泰斗。以刀作笔，镌刻铿锵古韵；挥毫泼墨，大书慷慨胸臆；岁暮犹耕，诗书勤读不辍。德艺双馨世人传，秦门墨韵永流芳。

“爨体”是秦咢生书法的主要特色

五百年前，四川峨眉山的“**沙仙和尚**”也是以同样的步伐和手法将山上的**麒麟**带到**东江流域**，数百年来一直护佑着民间安泰，风调雨顺。而这里的百姓也对这个**百年不变**的诙谐故事津津乐道，在民间社会与**麒麟舞**一道**世代相传**。

第五章

探秘非遗

1907 年，惠州府东江麒麟舞表演间歇

小金口麒麟舞

踩着鼓声点点，迎着爆竹声声，曾燕青左右腾挪，上下连动间将一头麒麟瑞兽带到黄氏祠堂，为黄氏家族祠堂入伙驱害降福。五百年前，四川峨眉山的“沙仙和尚”也是以同样的步伐和手法将山上的麒麟带到东江流域，数百年来一直护佑着民间安泰，风调雨顺。而这里的百姓也对这个百年不变的诙谐故事津津乐道，在民间社会与麒麟舞一道世代相传。

万物皆有由来，当今源于往昔。相传，在四川峨眉山上有一和尚，人们都称他为“沙仙和尚”，此人佛法高深，善良无比，关心人间疾苦。同在山中有一麒麟，是仙家瑞兽，能为人间带来祥瑞太平、风调雨顺、国泰民安，人们称之为“仙子麒麟”。一天，沙仙和尚在山上与麒麟相遇，为了让麒麟下山降瑞人间，沙仙和尚决定驯服此兽。沙仙和尚先拿了些麒麟爱采的绿色植物“青”吸引麒麟，麒麟开始不为所动，后经不起沙仙和尚的百般逗弄引诱，终于来采“青”了。沙仙和尚故意不给它“青”采，再三戏弄后，麒麟被驯服，于是沙仙和尚把麒麟带下山来为人间传递祥瑞。后人把沙仙和尚驯服麒麟的

麒麟舞表演中的“请麒麟”环节

传记，编成一套动作，配以声乐鼓点和武术，在逢年过节进行表演，祈祷祥瑞太平、风调雨顺、国泰民安。经过历代的传承，变成今天的东江麒麟舞。

麒麟，据说是岁星散开而生成的，其头似龙，其身似鹿，独角，全身麟角，尾像牛，是中国民间信仰中的“四灵”之首。传说中被赋予十分优秀的品质，说它性温善，不覆生虫，不折生草，头上有角，角上有肉，设武备而不用，因而被称为“仁兽”。在中国众多的民间传说中，麒麟以它特有的珍贵和灵异，为百姓带来太平、福禄、长寿与好运的期盼。麒麟形象的出现距今已有两千五百年历史，从最初的图腾和信仰符号，到古代哲学和文学的载体，再经文人墨客的渲染升华，麒麟走进了造型和表演的艺术领域，最终在广阔的民间寻找到生存的土壤，成为一种受众极广的民间舞蹈——麒麟舞。

东江小金口麒麟舞发祥于五百多年前的中原地区，是客家人在历史变迁中从北方带

麒麟舞表演

麒麟舞表演中的“麒麟采青”环节

到南方来的一种民间表演艺术，具有长江北部花会的风格。舞麒麟与其他地区舞龙、舞狮一样，是农耕社会对平安、吉祥、喜气的内心期待。用朴素而直白的舞蹈语言，集中反映了中国农耕时代广大民众的吉祥观念，配以锣鼓、唢呐，营造热闹、喧哗的气氛，装扮以大红、金黄等亮眼色彩来传递喜气的情感。

今天看来，传承的要义在于承续旧有，更在于吐故纳新。小金口麒麟舞在保留了“沙仙戏麒麟”“沙仙驯麒麟”“沙仙降祥瑞”等舞蹈主要内容的基础上，对传统麒麟舞进行了更加符合现代审美需求的改造。2006 年小金口街道办成立了“东江麒麟舞协会”，麒麟舞文化逐渐走向组织化与规模化。近几年，小金口麒麟舞多次参加全国各地麒麟舞交流赛事和表演活动，曾经在俄罗斯、马来西亚等国家参加表演，使小金口的麒麟舞文化影响越来越大。五百年前，峨眉山的沙仙和尚把祥瑞带到东江流域；五百年后，小金口的曾燕青和各位麒麟舞师傅将祥瑞带向全国，传递海外。

| 龙形拳，李家拳 |

中国武术已经流传千年，它的起源可以追溯到人类的各种活动，源于生活，用于生活，从旦出暮归的田猎劳作间衍化出最原始的套路招式，在动物的扑、腾、跳、跃中习得最形象实用的手形步法。于国而言，武术是治国安邦之计。在历史更迭中，文治武功平分秋色，一方面“以文教佐天下”教化民众，维护太平；另一方面“以武功戡祸乱”实现安定，巩固政权，一文一武，相得益彰。于家而言，武术是强身健体、壮大家族的御敌之术。在民间社会，弱肉强食是生活的残酷面貌，习武强身是一个家族捍卫土地、水源等生产资源的必需技能。武术，在南北地域的山川河流间发迹、弘扬、壮大。因此，糅以儒家之仁义、道家之阴阳、佛家之因果的中国武术，成为一支源出于中国传统文化洪流中的涓涓细流，在一招一式的千变万化中诠释中国文化之美。

中国武术素有“南拳北腿”的地域之别。日出于泰山之巅，北方武术于空旷处，讲究大开大合，蹿纵跳跃，舒展大方；月悬于小桥之上，南方拳法于竹林间，着意短桥寸劲，阔幅沉马，迅疾紧凑。南派拳系，发源于南少林，以岭南为传播核心区域，广东在历史上长期作为岭南的重要政治、军事、经济重地，岭南的主体文化精神就在这里形成，成为南拳发展的重镇。频繁的战乱和社会动荡不安，使得民间习武之风从秘密到公开，愈演愈烈，以至到后来流传到海外的中国武术被称为“kongfu”，正是广东人对武术称为“功夫”的译音，这是中国武术打上的粤人传武的鲜明烙印。

而浸润在东江文明的惠州市，本地人、客家人、福佬聚此杂居，习武之风炽盛。“洪、刘、蔡、李、莫”五大名拳在此皆可找到流传的影子，又有东江龙形拳、惠州李家拳、白眉拳、朱家拳、林家拳等拳种发端于此，其中惠城区的东江龙形拳、惠州李家拳已是广东省非物质文化遗产，誉满海内外。

龙形拳创始人林耀桂

东江龙形拳

有江湖的地方，必有纷争，对各门派而言，追宗问祖，溯本清源原是为了避免纷争，但龙形拳却在追溯发源地，认定创始人的问题上出现了各执一词的说法。虽然众说纷纭，但“学本海丰承妙业，艺从华首吐真传”却是全世界龙形拳弟子内心熟知的关于龙形拳发源的简明史。

1848 年，为扑灭民间反清火焰，清廷一把大火将南少林付之灰烬。少林拳师黄连矫先落魄于海丰，后辗转至惠东梁化，受林家好心收留。黄连矫为感恩，倾心将佛家龙形拳传授林家子弟林合，成为林合创立林家龙形拳的依据。惠州仍图人林耀桂，六岁随父亲习武，又师从林合，学习林家龙形拳。二十二岁投罗浮山华首台大玉禅师数年，尽得大师衣钵真传。出师下山后，林耀桂结合实战和所学，博采众长，首创龙形拳桥掌招式。革命年代，林耀桂在广东开馆授徒，击倒不可一世的俄国拳师，打败气焰嚣张的日本武师，中国南北拳师上门挑战均应招败北，林耀桂名声大噪，被称为“东江老虎”“五省拳王”。陈济棠主政广州期间，聘林耀桂为广州国术协会主任教师，提议其创立的拳法归为龙形拳，至此，林耀桂开创的东江龙形拳宣告成立。

东江龙形拳与少林拳法有着千丝万缕的联系，源出海丰和尚黄连矫的林家龙形拳和华首台大玉禅师的佛家拳法是东江龙形拳的两大拳宗来源。东江龙形拳源于少林，又异于少林。以“龙形摩桥”立于拳坛，在传播发展中拳法套路不断丰富，体现出柔中带刚、变幻莫测的特点。东江龙形拳创立后，迅速传遍南方拳坛，流传两广。1956 年，林耀桂定居香港，龙形拳传播至香港及海外。今天，龙形拳在亚洲、欧洲、北美洲、大洋洲这四大洲均有传播，武馆协会开遍全世界，从国内到海外，从白种人到黑种人，龙形拳的弟子遍及世界各个角落。

惠州博物馆内“林耀桂铜像”

惠州李家拳

米地村，位于惠城区河南岸西枝江中的一个狭长半岛上，三面环山，茂林修竹，风景秀丽。这个仅有一平方公里的小岛上，诞生了广东五大拳种之一的李家拳，仅有一百多位李氏村民的村庄走出了三十多位拳师在世界各地开馆授徒。这一切的因缘际会要从两百多年前的一场蛇鹤生死相争说起。

清乾隆年间，年仅九岁的李义随父闯荡江湖，父亲李玖是少林俗家弟子，从小教授李义拳法。一日，在罗浮山偶遇师叔——王龙禅师，邀来米地村定居，李义跟随师叔学习武艺，日益精进。而王龙禅师却是反清组织“天地会”的头目，清军一把大火将米地村烧成了“火地村”，李玖与王龙禅师也死于乱箭之下。李义从劫难中逃脱后，在江西受北派拳师陈荀息搭救，慕其侠名，拜陈为师，一同避走江西。又遇师父故人丹阳头人，被招为女婿，经过七八年的潜心苦学，李义决定带妻子重回米地村。在一次林间练武时，李义偶遇蛇鹤相争，形态特异，李义深有所悟，结合南北拳法所长，熔于一炉，创出自成一格的李家拳，成为一代宗师。

李家拳发源地——米地村

李家拳传承人欧阳粤强

李家拳以单肩侧身虚步为主，以灵活多变著称，能刚能柔，能密能疏，弱似风鹤上翠竹，强如猛虎下山林。在招式间配以“的、益、域、唉、也”五声以发劲助势。在接近三百年的传承中，经历了辉煌与沉寂交替的发展历程。同治年间，李家拳第三代传人李国辉便开始在香港和新加坡设拳馆；“文革”期间，李家拳沉寂了二十多年。20 世纪 80 年代，第六代传人严景山担任广东省武术协会常委、中国武术一级裁判、惠州李家拳武术馆馆长，收徒近两千人。今年，李家拳武术馆正在筹办重建，有着近三百年历史的李家拳文化将再次传承发扬。

咏春拳

咏春拳作为中华传统武术，是中国拳术的南拳之一，从名字里就透着刚柔并济的特质。咏春拳集内外家拳法精华于一身，它立足实战，招式简练灵活，以弱胜强。

关于咏春拳的起源，历代众说纷纭，其中有一说是由清初福建南少林寺的五枚师太受蛇鹤争斗启发所始创，后传给少林弟子苗顺，苗顺再传少林俗家弟子严二，严二传其女咏春及女婿梁博涛。严咏春去世后，其夫将该拳取名为“咏春拳”以示纪念。

传说充满浪漫神奇的色彩，后世的咏春拳，在历代宗师传承和发扬中，不断发展和融合。近代咏春拳盛于佛山，逐渐形成佛山、广州、香港、古劳四大咏春拳传播中心，并发展出各具风格的不同流派。

惠州咏春拳作为广州岑能咏春拳流派的分支，于 20 世纪 60 年代由岑能宗师嫡传弟子、惠州籍人士李志河传入惠州。2006 年，李志河的弟子、惠州咏春拳第八代传人钟伟强在惠城区开设“惠州东江咏春拳馆”，推广咏春拳，自此咏春拳得以在惠州地区广泛流传，经过多年的发展和完善，形成了独具特色的“惠州咏春拳”。

2011 年，惠城区咏春拳协会正式成立，在惠州传承多年的咏春拳，又有了新的发展。主要有单练套路、对练套路、器械套路、养生功法、辅助功法五部分组成，以“小念头”“寸劲”等套路名扬海外。在诸多拳法中，咏春拳被认为是最实用的功夫之一。其以快制胜，更侧重于防卫。在实战中更讲究技巧，借力打力，把对方的进攻进行化解，四两拨千斤。倡导以最直接的方法、最短的路线、最快的速度，获取最大的搏击效果。

2014 年，惠州咏春拳被列入市非物质文化遗产，惠州咏春拳传承人通过开展咏春拳下乡进村及举办咏春拳邀请赛、咏春拳文化节等大型活动进一步壮大咏春拳学习队伍，以求培养更多咏春拳爱好者，让融健体养生于一身的咏春拳得到更好的传承和发扬。

| 汝湖舞稻草龙 |

在中国民间，龙是象征祥瑞的神物，能行云布雨、消灾降福，因此便有了以舞龙祈求风调雨顺、祛邪避灾的习俗。民间舞龙形式风格多样，舞稻草龙便是其中一种。在汝湖的上围村和下围村，舞稻草龙已有几百年的历史。大约在清朝时期，村中的祖辈们从福建辗转迁徙到汝湖镇定居，“舞稻草龙”的传统随之也从福建带过来。

每年的正月初一到元宵节夜，或者村里农户的牲畜发瘟、旱涝等不太平的时候，都会组织“舞草龙”的活动，祈求驱灾降瑞、风调雨顺、年年丰收、祥和吉利、平安健康。整个舞龙过程中，有“请龙”“舞龙”“送龙”三个环节。所谓“请龙”就是编织稻草龙，因此舞稻草龙不仅要会舞，还要会编。编织稻草龙的材料主要是稻草和竹子，龙尾和龙角用细竹制成，龙舌使用竹片，龙身则是用稻草像女孩子编麻花辫子一样编织起来。

传统的稻草龙

汝湖舞龙（《惠州日报》记者王建桥 摄）

扎龙头是最难的，须村里年长有威望的老人来做。用铁丝做出龙头、龙角的模型，然后用稻草捆绑缠绕。大的稻草龙龙眼使用手电筒，小的用灯泡（过去因为条件的限制，龙眼用蜡烛充当）。扎成后稻草龙可长可短，但大多龙身长约 13.6 米，每节相隔 1.3 米，龙身用粗壮的竹竿支撑、舞动。

舞龙时，前有龙珠引路，后有铜锣大鼓紧随，一边敲锣打鼓，一边燃放鞭炮。舞龙者将草龙舞到每家每户大门口，主人都十分高兴，焚香叩拜、燃放鞭炮，并将燃烧的香火插到草龙身上。到晚上舞龙时，满身香火的草龙星光点点，非常漂亮。舞完之后，会将草龙火化，草灰弃入江河，寓意是带走“晦气”。在村民的心目中，龙是离不开水的，让它回到龙潭老家，明年又将是一个五谷丰登、六畜兴旺的好年头。

汝湖舞稻草龙这一传统的民间艺术，也曾濒临失传，幸得当地政府重视，组织村中老人重拾旧艺，并培养徒弟，将编织草龙的技艺和舞龙的艺术传授给年轻人，让舞稻草龙这一习俗得以传承。

真君宫巡游

每年元宵佳节是汝湖镇新南村和仍中村最为热闹的时候，两村陈、林两姓族人，不管在家还是外出都齐聚一堂，互庆互贺。到了元宵这天，大家都放下手中事务拜祭“医灵大帝”，比春节还隆重，这便是当地一年一度的传统盛事“真君宫巡游”。

真君宫巡游活动起源于汝湖镇新南村和仍中村，两村相邻，据传仍中村（姓陈）和南新村（姓林）的祖先是表兄弟。三百多年前，两姓族人的祖先从福建辗转迁徙到惠州，不少人因水土不服而生病，幸得当地医生救助才得以痊愈。为了感念那些伴随两姓族人多地辗转迁徙、遇难呈祥的医生的医术医德，于明末清初修建了一座真君宫，用于供奉“医灵大帝”。

整个真君宫巡游活动从正月十二日开始，至十五日结束，历时四天。特别是元宵节这天最为隆重，两姓族人身穿绸布褂袍、头戴圆顶礼帽，舞龙、舞狮队伍聚集到真君宫上香跪拜，把“医灵大帝”从真君宫请出来，由八位男丁抬着轿子在两个村子里巡游，边敲锣打鼓，边燃放鞭炮。巡游队伍走到每户村民家门口时，早已等候在门前的村民就点燃鞭炮，欢迎巡游队伍，然后跟上，队伍因此越来越长。南新村宗祠、仍中村宗祠早已摆上香案，等着队伍到来，进行祭拜仪式。巡游队伍走完全程回到真君宫大约需要四个小时。真君宫巡游为的是祈求一年百事兴旺、风调雨顺、国泰民安。

上元清醮（吕继权 摄）

芦洲南瓜节

芦洲南瓜节，俗称“金瓜节”，是芦洲东胜村（原蔡屋围）为纪念赵侯爷，在每年农历二月十三日举行的盛大节日。

关于赵侯爷的传说，据村民介绍，六百多年前，赵、侯、蔡三户人家迁来东胜村开基，因为田地纠纷，三家产生矛盾。有一年，三家中间的空地上长出一个大南瓜，三家均想占为己有，最后闹到了官府。为了公平起见，县官判定把南瓜分成三等份。当南瓜被剖开时，里面竟然有一个男孩。因赵侯两家家境贫困，于是由蔡家抚养男孩，并给他取名为赵侯爷。这个男孩聪明伶俐，经常到赵、侯两家串门，最后三家幡然领悟了“以和为贵”的道理，冰释前嫌，和睦共处。

后来村民把侯爷升天的二月十三日，定为“南瓜节”纪念他，延续至今，南瓜节也被视为比春节还要隆重的节日。南瓜节当天，舞纸龙、舞狮的队伍浩浩荡荡游行全村，锣鼓喧天，鞭炮连连，村民们宴请亲友，热闹非凡。以前还要做上三天三夜的木偶戏，随着时代的发展，南瓜节被注入了更多现代文化元素，如文艺表演、知识问答等，既活跃了节日的气氛，又提高了村民的文化认知。

不过随着时间的流逝、老人们的离世，承习这项民间传统节日的年轻人越来越少。近几年，南瓜节被列为市级非遗项目之后，为更好地传承和推广芦洲南瓜节，相关部门将按计划为南瓜节这一习俗建立资料库并编入教学教材，让更多的人对南瓜节有更系统和全面的认识。

芦洲南瓜节，起源于明代，村民原借此怀念先祖赵侯爷，经历过鼎盛时期，再到面临濒危，历经几个世纪的兴衰，如今已演变成全村公益活动，但不变的是南瓜节宣扬的互帮互助、和谐共进的优良传统。

芦洲南瓜节场景（姚振林 摄）

汝湖渔歌

当“汝湖渔歌”这四个字映入眼帘，或许我们脑海里浮现的是渔民们渔舟唱晚的悠闲自得的景象，然而事实并非如此。

汝湖渔歌，即东江渔歌，乃东江疍民所唱。疍民在惠州历史悠久，宋朝《岭外代答》载：“以舟为室，视水如陆，浮生江海者，蜑也。”“蜑”即疍民，因其泊居的篷船如蛋壳般浮于水上，故称。

“以舟为室，浮生江海”的疍家人，一生在江海沉浮，风雨漂泊，他们触景生情，把日常的所见所闻用渔歌形式唱出来，既是一种生活写实，也是一种情感宣泄，事无巨细，都能信手拈来融入歌中。即兴的创作让其充满淳朴又浓厚的生活气息，一首渔歌就是一段珍贵的生活记录。渔歌源于疍民的生产生活，两者关系密不可分。明万历年间，惠州名儒杨起元称鹅城“渔歌樵唱，朝夕相闻”，可知惠州的“淡水”渔歌流传至今已有四百多年历史。

清朝时期，政府对渔民限制严苛，疍民从出生到离世，均在一条狭窄的船上度过。在贫瘠的精神与物质生活的双重挤压下，渔歌成了疍民精神生活的重要寄托。1729 年清雍正旨令，疍民可在近水村庄居住，部分疍民开始移居陆上，转营农业。

惠州是一个多种文化形式兼容的地区，方言纷杂，而惠州话是最为悠久的一种方言。汝湖渔歌，曲调仅为四音，多为即兴自编的句子或段子。它是惠州方言语系唯一的淡水民歌，区别于省内的咸水歌。

20 世纪初至 60 年代，汝湖疍民无论男女，大多会唱渔歌。按疍家风俗，红白喜丧，唱相应的渔歌必不可少，每逢节庆时日更是歌声不断。随着时代的发展，疍民被束缚限制的桎梏早已解除，而老一辈会唱渔歌的相继离世，新一代的人随着社会环境的变化，接触汝湖渔歌的越来越少。汝湖水上社区的渔民刘花，是目前惠州为数不多能随口唱出汝湖渔歌的人。

刘花是为数不多的能用汝湖渔歌表达情感的老人

刘阿婆出生在一个渔民家庭，18 岁嫁到汝湖，依旧是以打鱼为生，此生与渔歌结下了不解之缘。在她那个年代，小时候听别人对歌，精髓在于即兴，听多了自己也会唱，长大了渔歌相伴，如今耄耋之年的她，也与时俱进，把生活都唱进歌里。联想到以前生活的艰苦就唱道："我想起旧社会了，眼泪双双拔不开，打到鱼来土匪抢，我仔男仔女哭连天。"解放后慢慢开始过上了好生活，又将歌颂融进渔歌里："我现在千多万谢共产党了，领导渔民翻大身，我水上人家住上高楼又大厦了，一家大小笑嘻哈。"这种像从小长在骨子里的天赋，伴随着她一生，成为一种情结，这也许是她此生最宝贵的财富。

如今，作为非物质文化遗产的汝湖渔歌，其传承和发展，亟待用传统和创新相结合的方式，培养出年轻一代的歌者，续传这几百年的袅袅"渔"音。

水北谣

“查莲子，子莲牵，查到观音额面前”，天真无邪的童声唱着熟悉的童谣，让老一辈的水北人感慨万千。这全新演绎的水北谣，与儿时记忆里的调调相比，却有着一种陌生、新奇又和谐的意味。

中国民谣总是以最简练质朴的文字，描绘出充满生活气息的场景。水北谣里“山清水秀好地方，天梯福地畔两江。宋有东坡游荔浦，元开村址首姓王……”，寥寥几句就已经将其发源地水北村的地理位置和开村历史交代清楚。

水北民谣是老一辈水北人日常生活中用水北方言创作吟唱的口头歌谣。但随着时代的变迁，许多具有地方民族特色的传统文化也在现代城市化的浪潮中渐渐湮灭。尤其是水北村的搬迁，让曾广为传诵的水北民谣渐渐被人遗忘。

近几年来，水北原住民、王羲之第 48 代后裔王国光通过对水北老村民的访问、对古籍的整理等，在多方努力下，将 350 多首水北民谣收集编写成《惠州水北民谣》一书，为水北谣的挖掘和传承留下了珍贵的文字记录。其中，王国光还对部分无法记录齐全的民谣进行再创作，依照原意补充完善，并对部分方言进行注解。

水北民谣的内容丰富多彩，涉及天文、地理、气象、农事、渔猎、船运、宗教、劝世、爱情、饮食、祭奠、作息以及对人生认识、事理探索等，多方面、多角度展现了当时鲜活的农村生活图景。从表达形式来看，水北谣风格灵活多变，包括古风体、山歌体、

水北村王氏宗祠，在城市拓展中得以完整保存下来

童谣体等，句式长短和字数多少不拘一格。

水北谣原来曲调平缓，不够抑扬顿挫，为了更便于传唱，书中 6 首具有代表意义的歌谣，被通过后期的艺术加工，结合现代元素重新编曲，变成节奏欢快、朗朗上口的童谣，走进水北小学，由孩子们在舞台上呈现出耳目一新的表演。

老歌新唱，怀旧的味道没有褪去，新鲜的演绎又赋予了水北谣新的活力。原汁原味的保留传承方式固然重要，但与时俱进的活化弘扬，也为非物质文化遗产的保育开辟了一条新的道路。

惠州彩瓷

白鹤峰的施工现场，正在修建苏东坡故居，旧宅拆除殆尽，这里老房子经历了无数次旧貌换新，这一次最彻底，或许也是最后一次。刘汉新弯下腰，从雨水冲刷过的土层中不断拾起裸露出来的陶片、瓦当、砖块，这些无人问津的碎片或许来自明代、清代，也可能来自宋代。对刘汉新而言，每一块历史的残片都是他艺术创作上的宝贝，他要用这些失去生命的遗弃物重新勾勒出心里对老惠州的记忆，呈现在惠州彩瓷之上。

距白鹤峰百步之遥，小塘下，第二小学附近的一处普通民居是刘汉新的工作室，面积狭小却处处实用，装饰破旧但安静闲适。室内摆满了他的作品，盘、壶、瓶各式各样，人物、民居、花鸟应有尽有，或淡雅素丽，或浓墨重彩。用他自己的话说："这些作品，是我心里老惠州的样子，永远忘不掉，在这里创作，不会被打扰，很舒服。"

惠州彩瓷艺人刘汉新

刘汉新融入创新手法创作的彩瓷作品

刘汉新是地道的老惠州人，出生在金带街外婆家，从小对绘画就有浓厚的兴趣。20 世纪 80 年代顺利通过惠州彩瓷工艺厂招收画工的考试，从此与彩瓷结下不解之缘。因为自己勤奋好学，加上工厂生产方式提供的种种便利，刘汉新很快学会了彩瓷工艺的各种技法，成为一名经验丰富的老师傅。20 世纪 90 年代开始，彩瓷厂的效益下滑，开始走下坡路，刘汉新也尝试过离职下海，但从未间断过彩瓷创作，因为这是他一直坚持的梦想。

可是当梦想和生活相矛盾时，生活也成了梦想。由于种种原因，刘汉新的家人很早就离开惠州去了香港，自己也尝试过在香港生活，但香港生活节奏太快，习惯了老惠州生活节奏的他跟不上焦急的步伐，所以他越来越知道哪里才属于自己，因而又回到了最初的地方。回到惠州，他开始潜心创作彩瓷，融入自己的想法，加入新的工艺技法，做真正属于自己的惠州彩瓷。在不断地尝试下，刘汉新发现用东江的沙石碾磨成粉，经过调试再创作出来的作品，比传统的彩瓷作品更加古朴，更具层次感。现在，他已经将自己这种独特的技法发展得更加娴熟精湛，创作了“惠州西湖”“惠州民居”等系列作品，多次在省内获得大奖。

现在的惠州日新月异，而在刘汉新这些老惠州人眼里，以前的惠州不是这样的，西湖的树不是这样的树，路也不是这样的路；老房子拆了又建，建了又拆；老街也旧了，破了；老街坊都走了，散了。刘汉新坐在百年老宅里，用自己的方式留住这些记忆，时间会赋予这些色彩更深的意义，历久弥新。

| 桥西剪纸 |

桥西剪纸作品“福禄寿三公”

剪纸是中国民间流行的一种历史悠久的镂空艺术，在剪刀刻刀的剪裁雕刻间，剪纸艺人妙手生花，呈现出一个纸上的大千世界。惠州人杰地灵，文化底蕴深厚，惠州桥西剪纸艺术，至今已有三百余年的历史，清代至民国为繁荣期，其声名曾远播至港澳与南洋一带。

桥西剪纸题材内容全部与惠州相关，涉及范围有自然风光、人文建筑、节庆习俗、劳动生活，以及历史文化等各个方面。集南北特色于一身，融细腻雄浑为一体，极富本地特色。通过线条与装饰，写意与寓意的相结合，创作出质朴生动的艺术造型。

桥西剪纸使用的材料为红宣、黄宣、蓝宣等宣纸以及拷贝纸、蜡光纸等，创作过程分为构思、构图、提炼主题、勾画草图、剪刻等五个步骤。刀法细腻，构图严谨，线条流畅，刚柔并济，气韵生动活泼，彰显出独特的魅力。

剪纸艺人信手拈来，随性不拘，经过长期的生活与艺术实践，精益求精，创新了多种剪刻技法，从单色剪纸发展到了分色、套色、染色、勾描等，使剪纸成为既为生产、生活服务，又有很高艺术水准的专业技艺。

2013 年，桥西剪纸被列入市非遗保护项目。2015 年，桥西剪纸名家、市剪纸非遗项目传承人苏定明出版了原创剪纸作品集《市井剪影》，并设立了剪纸工作室免费教授剪纸技艺，聚集了许多剪纸爱好者，通过独特的剪纸艺术展现惠州之美，也让这项民间技艺开始了另一段新的传承之旅。

桥西剪纸作品“门神秦叔宝”

书画装裱

俗话说：三分画七分裱，可见装裱对于书画的重要性。装裱也叫“装潢”“装池”“裱背”，是我国特有的一种保护和美化书画以及碑帖的技术，即以各种绫锦纸绢对古今纸绢质地的书画作品进行装裱美化或保护修复，至今已有1500多年的历史。

苏裱又称“吴装”，是我国裱画的主要派别之一，流行于以苏州为中心的江南地区，明嘉靖、万历年间最盛，有着“吴装最善，他处无及”的佳评。惠州的裱工技艺正是由苏州传入，当地人亦称之为“苏裱”。惠州装裱字画沿袭古风，又融合当地的技法，裱工愈发精到纯熟，对一些残破字画施以妙手，能够复原无瑕，起死回生。其最大的特点是使用石花菜作黏合剂，以适合岭南气候的变化，而且不易被虫蛀。许多寓惠名人志士的佳作也经惠州裱工之手，饰以赠人。

惠州“苏裱”远近闻名，装裱字画业很是昌盛，直到解放初期，在桥西桥子头一带，还在维持营业的有“苑雅斋”“绮云阁”等。当时的著名裱画师有黎瑞南、钟誉成、王树等，一直坚守到其逝世才停业。改革开放初期，政府鼓励“绮云阁”第四代传人王球重操祖业，他便将手艺传授给了儿子王伟华。装裱字画，需经过冲洗去污、揭旧补缀、修磨残口、矾挣全色、刺制裱绫、镶嵌绫绢、转边扶背、研光上杆等多道工序。

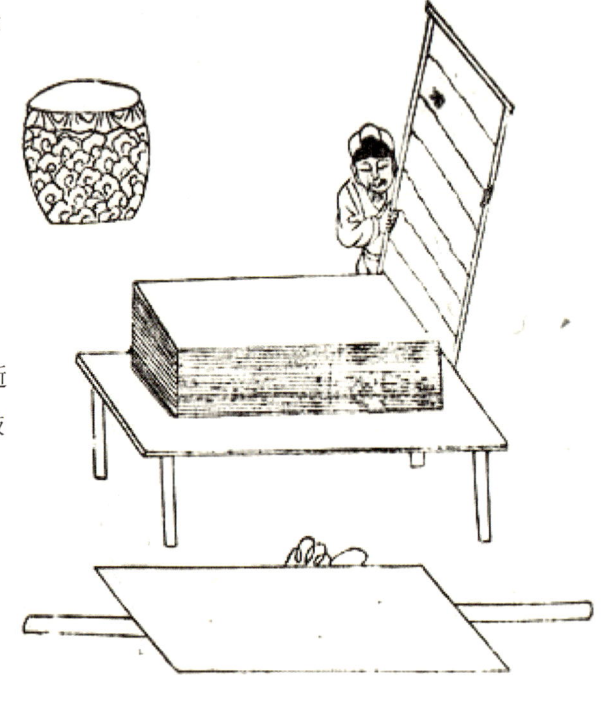

《天工开物》中描绘的书画装裱场景（一）

《天工开物》中描绘的书画装裱场景（二）

原裱绘画不论画心的大小、形状及裱后的用途，都只有托裱画心、镶覆、砑装三个步骤。经过装裱的书画，牢固、美观、便于收藏和布置观赏，而重新装裱的古画，也会延长它的生命力。

近年来随着机械化的兴起，传统的手工装裱字画行业逐渐受到冲击，机械装裱虽然实用效果和整体美观不如手工，但经济便捷，致使手工装裱在市场竞争中处于劣势地位。而年轻一代对于传统手工装裱缺乏认识，兴致不高，传统技艺将面临无法传承的境地。如今惠州全盘继承惠州“装裱”技艺的仅有“绮云阁”第五代传人王伟华一人。

邓家神农凉茶已传承了二十四代

| 神农凉茶 |

早有耳闻邓家神农凉茶与众不同，是一种“不苦”的凉茶，终于在辗转两次之后，找到其位于黄家塘街的店面。

凉茶店店面不大，凉茶价格也与一般凉茶铺无大异，墙上挂着的“神农秘方根除百病”的字幅和多面答谢锦旗，质朴中彰显着神农凉茶的奕奕风采。邓家神农凉茶第二十四代传承人邓忠环说，他们代代秉承着中医要术，专治疑难杂症。邓先生指着我们身后的一面“海南蛇王，华佗再世”的锦旗，那是他父亲邓吉明曾经轰动一时的事迹。20 世纪 50 年代其父亲随部队南下建设海南，1970 年，救了被断定因蛇毒不治死去的新加坡归侨叶奇瑞，令其死而复生，全国各大报纸抢登一时。

由于用药讲究，对加盟者的要求也比较严苛，既要秉承对中医的热爱和传承，又要持有一颗医德之心，所以神农凉茶店到现在还是仅此一家。

邓家神农凉茶之所以久负盛名，最重要的是其在凉茶制作技艺的传承中不断突破和创新，原因在于其“四奇”。一奇奇在茶汤，并非传统浓黑的药汤色，而是浅褐色茶汤，另外还有邓家与时俱进独创的一款奶茶式凉茶，这从颜色上首先就减缓了传统苦凉茶给

人带来的心理压力。二奇在于凉茶本身就是冰镇的，是名副其实的“凉”茶，传统凉茶要就着温热喝，一放凉就苦难下咽。三奇在包装，口口相传的都是“神农凉茶”，可茶罐包装上却写着“神农热茶”，名热实凉，与一般凉茶刚好颠倒过来，却又殊途同归。四奇也就是其最大的特色了——“不苦”。几种常规凉茶其实并非完全不苦，入口还是微苦，然入喉之后，竟是满口甘甜，回味无穷。再说那奶茶式凉茶，是专治肠胃不适的，看着喝着都跟一般的奶茶无异，淡淡的甜香，热饮冰镇皆宜，大人小孩子都喜欢喝。

凉茶配制技艺以家族世袭传承下来，已有数百年历史。神农凉茶更是精选草本植物材料精制而成，通过分析和破解传统中医药理，因地因时制宜，与现代保健养生学融会贯通。观其色，感其温，尝其味，方能领略神农凉茶的药理奥妙。

非物质文化遗产的传承是艰辛的，然而创新又赋予它新的生命力。神农凉茶的传承和发扬，对于研究东江流域民众的中医药文化和医德思想，有着重要的价值，也将促进我国中草药文化及保健养生学的发展。

惠州是一座山水之中的城市，**独持**的环境、丰富的食材，造就了独特的东江菜系。**东江菜**属于客家菜的**水系流派**，以惠州菜为代表，**是广东菜的三大分支之一**，其口味和风貌有异于广州菜和潮州菜。

第六章
行走的餐桌

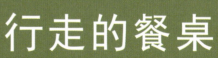

| 东江菜 |

我国自古以来便有“民以食为天”一说，从帝王将相到黎民百姓，都离不开一个“吃”字。正是有了对美食的执着和情怀，才有了博大精深的中华饮食文化。所谓“一方水土养一方人”，不同的地理位置、生态环境，造就了各个地方不同的饮食习惯和地方美食。

东江边的小型河鲜市场

惠州是一座山水之中的城市，独特的环境、丰富的食材，造就了独特的东江菜系。东江菜属于客家菜的水系流派，以惠州菜为代表，是广东菜的三大分支之一，其口味和风貌有异于广州菜和潮州菜。

传统的东江菜偏重于“肥、咸、熟、香”，下油重，口味偏咸，用的酱料较为简单，一般用生葱、熟蒜、香菜调味，极少添加甚至不加过重过浓的作料。但东江菜主料突出，喜用三鸟，以肉类为主，菜蔬及水产品较少。东江菜讲求酥软香浓、原汁原味，注重火功，烹调方法多采用煮、煲、蒸、烩和炖等，既保持原有的香味，又使人口感舒适，还不会轻易破坏食物本身的营养价值和纤维组织。东江菜中以“惠州三件宝”最为有名，即东江盐焗鸡、客家酿豆腐、梅菜扣肉。

东江盐焗鸡

东江盐焗鸡是东江菜肴传统特色的一大名菜，也是广东粤菜的代表菜式之一，至今已有三百多年的历史。其传统的正宗制作手法独特，选用当地家养或放养的鸡，将鸡剥净，晾干水分，用精盐擦匀鸡腔，加入葱、八角。先用刷油的纱纸包裹鸡身，再包上一层素净纱纸。旺火烧热炒锅，下粗盐炒热至略呈红色时，填入砂锅，把鸡放在盐上再填热盐盖满，用文火焗熟即可。这样制作出来的盐焗鸡外表澄黄油亮，鸡香清醇，而且香而不腻，爽滑鲜嫩，既保留了鸡肉丰富的营养价值，又具有凉血润燥、滋肾通便、温脾暖胃的功效。上碟时，还必须注意砌回鸡形，上席时，还要摆上佐料，用盐炒过的沙姜末，加入猪油，分三小碟上台，味道更加香美。

惠菜三宝之东江盐焗鸡

客家酿豆腐

酿豆腐是客家人春节餐桌上不可或缺的传统菜。在东江地区，酿豆腐也作为东江人喜庆日子必备佳肴。“酿”是一个客家话动词，表示“植入馅料”的意思，酿豆腐与酿苦瓜、酿茄子被称为“煎酿三宝”。

酿豆腐的制作方法精细，选料讲究，首先是选用嫩滑的山水豆腐，嫩滑但不软烂。将豆腐切成小方块，把猪肉、鱼肉、虾米等分别细剁成肉馅，再将馅肉放入盆内，加上鸡蛋、葱、左口鱼末等配料，搅拌数分钟成肉馅，取每块豆腐在中间挖一小洞，随后酿入肉馅，然后用中火烧热炒锅，把酿豆腐煎熟至两面金黄色，下老抽调色便可出锅，上碟后撒一些葱花，色香味俱全，让人垂涎欲滴。另外，也可在豆腐煎至半熟时取出，放入砂煲，再次加入上汤、配料，用中火焖熟，下老抽调色，加葱花、左口鱼末等，同样美味。酿豆腐鲜嫩滑香、营养丰富又不怕肥胖，很适合作为晚餐的主菜。

惠菜三宝之客家酿豆腐

惠菜三宝之梅菜扣肉

梅菜扣肉

梅菜是惠州传统特产，色泽金黄，香气扑鼻，清甜爽口，不寒不燥，不湿不热，被传为“正气菜”而久负盛名。传说苏东坡寓惠时，专门派名厨至杭州学厨，仿“东坡扣肉”用梅菜制成“梅菜扣肉”，因美味可口，爽口而不腻人，深受广大惠州市民的欢迎，是惠州宴席上的美味菜肴。

梅菜扣肉选用惠州当地梅菜干，在清水中浸泡至爽口、淡口，再切成若干段备用。将精选五花肉洗净，于沸水中煮透捞出，趁热在皮上上一层老抽，皮向下，放入烧热的花生油锅里炸，炸上色捞出，放净水盆内泡软后切成肉片待用。将葱、姜、蒜、八角末放入少许花生油炒出味后，放入五花肉炒片刻，然后再下汤、白酒、盐、生抽、白糖，待汤开后，调至小火上，直至焖烂。然后把烧好的五花肉平整地放入碗里，上铺一层梅菜段，再倒入原汤，上笼蒸透。起锅时滗出原汤，把肉反转扣在盘中，再将原汤烧开，用水淀粉勾芡，浇在肉上即可。做出来的梅菜扣肉吃起来咸中略带甜味，肉烂味香，肥而不腻。

除了“惠州三件宝”，还有东江龙蚬、西湖听韵、东江酥丸、东坡西湖莲、西湖醋鱼、八宝窝全鸭、鲫鱼煎蛋等东江菜，同样以色、香、味俱全，而又独具东江特色，深受广大市民的喜爱。近年来，随着饮食文化的不断发展，东江菜也在不断地创新，而在创新的过程中又能保持原始的风味和特色，更具有内涵和文化品位，吸引着海内外的食客。

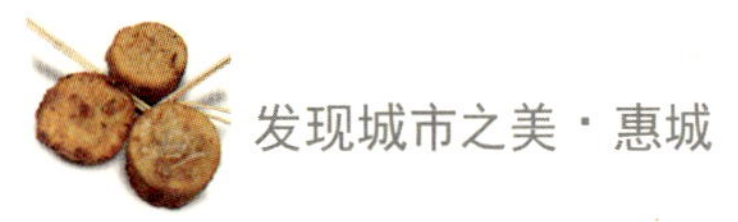

| 客家娘酒 |

酒的历史和人类的文明一样悠久，人类的许多创造发明，往往是大自然启发诱导的结果，酒的起源也是如此。大自然一定是最古老也是最专业的酿酒师，中国祖先造酒，不论是“仪狄始作酒醪”还是“少康作秫酒”都是从大自然野果自然发酵成酒现象汲取、传承和发扬的结果。所以中国人嗜酒，是把酒的文化融入了自己的文明之中，一起流淌了千万年。

客家娘酒属于中国传统酒种黄酒的一个分支，是千万种酒文化中绵延出的一支细流。中原战乱，北民南迁，他们逃离了苦难，流转到了福建、广东，带来了北方的酒文明。客家人在惠州地区，沿穿流而过的东江繁衍耕种，田间盛产糯稻，民间盛行酿酒，形成了家家酿酒，以药置酒，以酒养身的传统风俗。尤其是客家娘酒，是每一个勤劳能干的客家阿妈酿造的文化符号，更是客家人在族群交流中体现亲宗、敬祖、和睦、共乐的精神象征。在客家人的传统精神世界里，亲宗敬祖是头等重要的事。春节以酒祭祖，春秋两祭以酒祭日月，春种以酒拜田神，过节敬神，八月半接月神，生儿的三朝酒、满月酒、周岁酒，青年的暖轿酒、完婚酒，特别是婚礼前女家“送酒担”，小孩子一出生，马上备一壶客家娘酒、一只公鸡、一挂鞭炮，向女家报喜。客家所有的节庆祭祀活动几乎都要用娘酒。所以少了娘酒，客家的文化也要褪色，客家人的精神也要缺失一份醇正。

今天，改革抛弃很多传统的工艺，但在惠城区马安镇的青山绿水间，藏着一家酒坊，有两位酿酒老师傅用他们的执着，坚守着客家娘酒的醇正。71 岁的刘定明做了 50 多年的酿酒师，困难时期，客家娘酒曾救过一家人的命；50 多岁的赖彩凤当了半辈子的酿酒工人，娘酒是她的养生之道，他们一辈子与酒结下不解之缘。在他们的心里，客家娘酒的醇厚和香浓非传统工艺流程不能完成，他们用最原始的手法酿造着最正宗的酒香。

浸泡、蒸饭、下饼、发酵、陈酿、压榨、炙烤……客家娘酒的酿造过程繁多而复杂，但没有一道工序是多余的，这是娘酒琼浆溢出，酒香飘散必须经历的生命历程。客家人

坚持用古法酿酒的赖彩凤

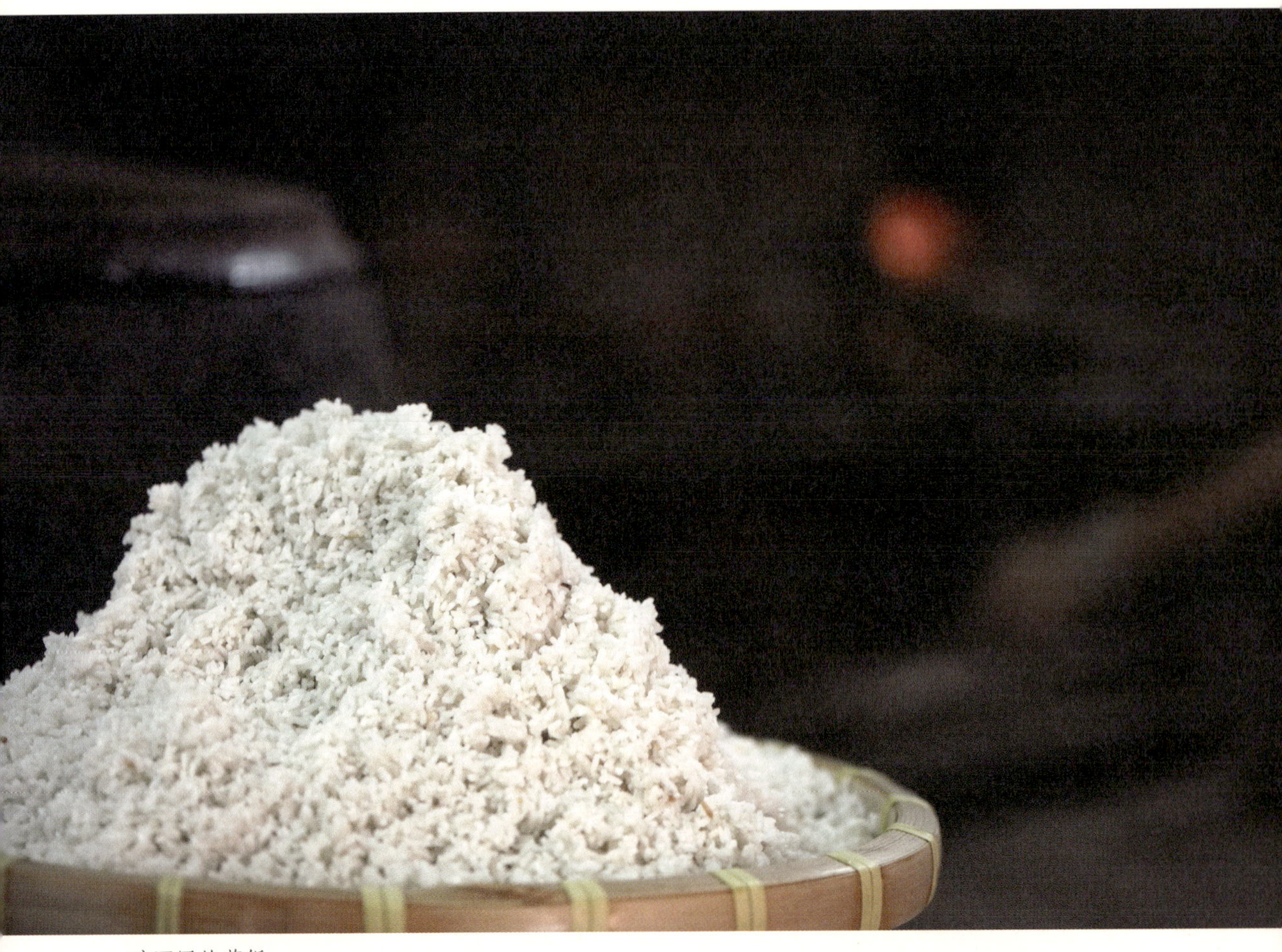

酿酒用的蒸饭

说这个程序是娘酒在阿妈手上诞生的过程，就像客家女人怀胎十月产下新生命一样，历经磨砺，充满艰辛，却孕育着喜悦。所以客家女人坐月子必喝娘酒，经历一场生命的洗礼之后，喝着阿妈酿的月子酒，一定是一种知心的暖意和温存。而在每一个客家人的心里，每一坛客家娘酒都浓缩着客家风俗文化，蕴含着客家优良传统，渗透着客家宗族之情，抿一口入嘴，客家祖先一代一代，从南到北、自东向西，历经艰辛，最终安居立业的迁徙之路便在心间回转，绵延无尽。

横沥汤粉

说到惠州的名小吃，横沥汤粉绝对是名列前茅。

横沥汤粉至今也有上百年历史了，它起源于距惠州市区二十多公里的横沥镇。早在一百多年前的船运年代，横沥作为东江岸边的繁华码头之一，商贸发达，每逢农历二、五、八日，附近镇圩的人都会来横沥赶集，人流、物流畅旺。横沥码头是过渡集散地，很多人在此买卖，因此逐渐成为集市。人流带动了饮食业的发展，由于汤粉制作方便，价格实惠又营养丰富，一碗下肚让人能量满满。于是，横沥汤粉逐渐成为大众小食，在横沥码头的汤粉店也越开越多。路过的商家、赶集小贩都喜欢这口味，便逐渐把横沥汤粉介绍到各地，至此时，横沥汤粉，名扬惠州。和横沥相隔不远的仍图历来也有做汤

横沥汤粉店中最出名的金华汤粉店

粉的传统，且各有千秋，仍图人见这里繁荣，把那边的汤粉生意也带过来，逐渐融合后演变成了今天横沥汤粉的美名。

在惠城区随处可见大大小小的横沥汤粉店，其中要数横沥金华汤粉店最为出名。横沥金华汤粉店的汤粉用料考究，曾获得过“惠州十大名点金奖”，店主还将获奖的奖牌

配料丰富的横沥汤粉

和领导莅临的照片挂在店堂，让食客吃得更放心。

说到横沥汤粉，最让人印象深刻的就是那虾香四溢的味道。它不同于一般的猪脚粉，而是汤、粉、料三者相辅相成，缺一不可。而熬汤蒸粉做卤水，都是用柴火烧制，松木香气的渗入，形成了独特的味道。

首先汤底，要采用本地土猪的骨头，加入鲜虾、左口鱼末等主料，用松木慢火熬制，再用胡椒提味，汤水浓郁，味美鲜香。这道工序也是各个横沥汤粉店中最讲究手法的，配料甚至算得上商业机密。

再者是粉，选用质地好的冬米，淘洗干净后捣搅成末，和水调成稀稠适宜的糊状，倒入锡锅猛火快蒸，蒸好后用竹筒卷起平铺在竹盖上风干。米、水、火、风，一道道工序延续融合，在空气中糅凝成口感嫩滑柔韧的粉，最后切成细条待用。

最后是配菜，除卤猪脚外还有牛腩、卤蛋、卤小肠、肉丸、猪皮等。肉丸选用上好的土猪鲜肉制作而成，为了保证口感，连猪肉中的筋都会挑出来，值得一提的是猪皮，是把炸过的猪皮和块状的肉丸酿在一起，皮脆肉弹，口感鲜奇。

做汤粉时，抓一把粉条放进斗形漏勺，从沸腾的开水里将汤粉烫熟，捞出，放入配菜撒上葱花，最后加入汤底，一碗香气四溢的上好汤粉就做成了。而整个过程中，火候的掌控也非常重要，烫煮太久，粉条容易软烂，汆烫需恰到好处，然后及时捞出，这样的粉又弹又滑。

一碗汤粉的整个制作过程不到五分钟，食客不必久等，自然受欢迎。如今的横沥汤粉，不再是简单的点心或小吃了，已然是一日三餐都能见到它的身影，甚至在一些餐馆用餐，上菜中途服务员会问，主食是用米饭还是汤粉。可见横沥汤粉在日常饮食中的地位。

横沥金华汤粉店的老掌柜李子玉用诚信质朴的经营，为横沥汤粉打响名号，而今他的徒弟除了惠州当地的，更多的是来自珠三角地区。在商业竞争激烈的今天，他用宽阔的胸襟去教徒，希望横沥汤粉能够一代代传承下去。

惠州梅菜

惠州种植梅菜的历史已有近千年，相传为梅仙姑送的菜种，故叫梅菜，但传说毕竟只是传说，梅菜的由来还有待考证。到了明朝后期，惠州梅菜的栽培和制作已具盛名，曾作为岭南特产上京朝贡，为宫廷食品，被称为“惠州贡菜”。古人有诗云：“苎萝西子十里绿，惠州梅菜一枝花。”能与惠州西湖齐名，可见惠州梅菜的非同一般。1995 年，惠州矮陂镇被评为“中国梅菜之乡”，而以矮陂为中心的乡镇，几乎家家户户都种植梅菜，腌制加工梅菜的手艺在当地是世代传承，几乎每户人家都会。

梅菜喜凉，适宜冬种，天气太热反而不易生长。故每年秋收完毕，村民们就会在地里种上梅菜，待来年开春就可以采收。新鲜采摘的蔬菜经过两天的暴晒之后便可以开始制作梅菜干了，先是用海盐腌制，然后密封发酵三到四天后，拿出来晒六七日，再撒盐腌制五六天，再晒。此时，梅菜会被制作成咸甜两种口味，甜梅菜就是在咸梅菜的制作基础上最后加入砂糖，再晒成八成干，令其有咸甜的复合味。

腌制好的梅菜干色泽金黄、沉香扑鼻、清甜爽口。梅菜干可塑性极强，既可当作主菜，也可成为配菜，还可煲汤。于是，惠州人运用蒸、焖、煮、酿、煲等多种烹调方式，将梅菜的作用发挥得淋漓尽致，其中最为出名的当数“梅菜扣肉”，是惠菜三宝之一。梅菜除了色、香、味俱全，还具有食疗的功能，解暑热、消积食、生津开胃，最适合夏季食用，难怪旧时连宫里的达官贵人都爱吃。

梅菜制作过程看似简单，然每一道工序都需要辛勤的劳作，除了要看天吃饭，更考师傅的经验和手艺。如今随着科技的发展，梅菜干的腌制摆脱了传统纯手工制作的艰辛，形成了集生产基地、加工厂、经销商为一体的产业链。梅菜甚至以“伴手礼”的形式走向全国各地，甚至走向海外。有这样一种说法：到惠州的游客，不买惠州梅菜和罗浮山百草油，等于“入宝山空手回”。可见惠州梅菜已不仅仅是一种菜，更是惠州对外开放的一张独特名片。

惠州梅菜干

童年的味道“阿嬷叫”

要说最能打动人心和勾起思乡之情的，往往是深藏民间、传承着民俗风情和童年味道的各类小吃。在惠州，有一种小吃是存留在许多惠州人童年记忆里的味道，外出游子回来必要吃上一口，似乎才算解了乡愁，这一小吃就是“阿嬷叫”。惠州本地话称奶奶为“阿嬷”，顾名思义，“阿嬷叫”跟奶奶有着解不开的联系。

“阿嬷叫”在清朝时便出现在惠州的大街小巷，距今已有三百多年的历史。相传旧时有小贩在街边摆摊卖小吃，用炉灶支起油锅，现做现卖，香气四溢，吸引了许多好奇又嘴馋的小孩来围观，久久不愿散去。摊贩怕滚油溅出烫伤小孩，就说：“你阿嬷叫你赶快回去！”祖母是最疼孙子的，小孩都信以为真就跑开了。后来一有小孩围到油锅前来，摊贩就说：“阿嬷叫！阿嬷叫！”前来购买的街坊邻里就以为这种小吃叫“阿嬷叫”，于是就一直被沿用至今。

“阿嬷叫”制作过程有趣，许多小孩围拢在小摊前，即使只是看看也是一种极大的满足。传统的“阿嬷叫”做法是将白萝卜丝、虾米、肉粒，和入用五香粉等调料调好的面粉浆，用小网篓舀放进沸油锅中慢火煎炸，炸熟的“阿嬷叫”会与铁网篓自动分离，浮出油面，呈小碗状，然后捞出将油沥干即可。

刚出炉的“阿嬷叫”最适合冬天吃，用草纸包上，捧在手心暖烘烘的，驱赶了周身的寒意。咬上一口，外酥内软，油炸的焦香伴随着萝卜的清香，清甜而不油腻。吃的时候蘸上香醋，更是奇香无比。旧时在惠城老城区的各个巷口，随处可见小贩支起的油锅，伴随袅袅升起的烟气，“阿嬷叫”的香味透过街坊屋宅，挡也挡不住，成为惠城一代又一代人童年记忆的味道。

如今，在桥东以及商业步行街一带仍可找到卖“阿嬷叫”的小摊。在惠城区桥东街的塔仔湖路，有一家并不十分起眼的“阿嬷叫”小摊已经营二十八年，让惠城市民钟爱难舍。在惠城飘香了三百多年的“阿嬷叫”，延续至今已渐渐凝结成惠城的味道。

外酥内软的惠州童年小吃“阿嬷叫”

图书在版编目（CIP）数据

发现城市之美．惠城 / 肖岳山主编．— 深圳：海天出版社，2017.6

ISBN 978-7-5507-1970-5

Ⅰ．①发… Ⅱ．①肖… Ⅲ．①惠州－概况 Ⅳ．①K92

中国版本图书馆 CIP 数据核字（2017）第 085058 号

发现城市之美 • 惠城

FAXIAN CHENGSHI ZHI MEI HUICHENG

出 版 人　聂雄前
责任编辑　刘翠文
责任技编　蔡梅琴

出版发行　海天出版社
地　　址　深圳市彩田南路海天综合大厦（518033）
网　　址　www.htph.com.cn
订购电话　0755-83460202（批发）0755-83460239（邮购）
印　　刷　深圳市金丽彩印刷有限公司
开　　本　787×1092mm　1/16
印　　张　19.5
字　　数　300 千字
版　　次　2017 年 6 月第 1 版
印　　次　2017 年 6 月第 1 次
定　　价　162.00 元

發現城市之美

出品 中共惠州市惠城区委宣传部
惠州市惠城区文化广电新闻出版局
总监制 巫志华（《鹅城恋歌》作者）
封面书法 苏轼（北宋）

主编 肖岳山
执行总监 许英生
监制 饶云清 卢卫卫 龚志先 谢宏中
文字主管 徐舜希
撰稿 徐舜希 唐兰燕 许英生 钟鑫
摄影 许英生 徐舜希
新媒体运营 李叶
纪录片编导 罗亚琴
纪录片解说 柳逸飞
纪录片后期 陈真 黄文立 梁倩
运营主管 齐玲玲
设计 深圳市点石文化传媒有限公司

编著 深圳市点石文化传媒有限公司
地址 深圳市福田区田面设计之都 1 栋 3D
电话 0755-82701682
微信 发现城市之美
二维码

一扫解乡愁

《发现城市之美·惠城》书中部分资料参考自：《惠州西湖志》《惠州府志》《归善县志》《惠州日报》《东江时报》《南方日报》《南方都市报》《广州日报》《羊城晚报》、惠州民间文化网

Q：新加坡自由行，有哪些值得推荐的地方？

新加坡很小，中文也普及，自由行没有难度，非常适合自由行。新加坡攻略很多，小印度、牛车水都是游客常去的民俗街区。吃是来新加坡的一个主题，6 块新币就能吃到米其林一星。米其林餐厅吸引很多人慕名而来，但并不是所有的米其林都很贵（当然，多数二三星的米其林都相对偏贵）。大华粿条面是新加坡米其林一星餐厅，6 块钱一碗面（人民币约 30 元）。排队很长，面和肉都是现捞现烫，因此特别慢。味道只能说一般般，6 块钱的大排档你会觉得不错，可能对米其林星的期望还是太高了。也可能是评委更欣赏这种多年如一的家庭作坊和手工制造。

附近的甘榜格南穆斯林区更值得一去，这里以前是马来皇族的活动区，现在是文化遗产博物馆区，附近街道的涂鸦很漂亮。

另外，新加坡圣淘沙的名胜世界值得玩两天。圣淘沙是个岛，和新加坡有桥连在一起。岛上有众多豪华酒店、娱乐设施和高尔夫球场，但圣淘沙最好玩的还是正中间的名胜世界（Resorts World）综合度假区。名胜世界主要包括新加坡环球影城、S.E.A 海洋馆、水上探险乐园和海豚园等游览景点。圣淘沙名胜世界是马来西亚云顶集团投资的，因此是有赌场的。

住在名胜世界的好处是随时可以出来吃喝玩乐。每晚 8 点在海洋馆隔壁“海滨坊”露天上演的机械 + 灯光秀《仙鹤芭蕾》值得一看。另一个免费项目是每晚 11 点在节庆大道上演的灯光秀《梦之湖》，稻糠在新加坡的最后一个晚上专门去看，可惜大雨停演了。圣淘沙还有一个音乐喷泉秀名为《时光之翼》，不在名胜世界里，从圆形广场坐两站免费的捷运小火车到 Siloso 海滩下，晚上的秀是 7 点 40 和 8 点 40 两场。需要买门票：18 新币。

最后说一下环球影城，最重要的是：要买快通卡（EXPRESS）。环球影城在最近的猫途鹰全球 TOP25 主题公园中排 17，是前 20 名中距离我们最近的主题公园了！